生态战略

企业成功转型的力量

Ecological Strategy

胡世良◎著

人 民 邮 电 出 版 社
北 京

图书在版编目（CIP）数据

生态战略 ： 企业成功转型的力量 / 胡世良著. -- 北京 ： 人民邮电出版社, 2018.12（2023.1重印）
ISBN 978-7-115-49713-0

Ⅰ. ①生… Ⅱ. ①胡… Ⅲ. ①企业战略－生态化－研究－中国 Ⅳ. ①F279.23

中国版本图书馆CIP数据核字(2018)第236813号

内 容 提 要

本书提出企业核心竞争力是打造生态基石的重要论断，更加突出了打造生态基石在生态战略中的重要性，给出企业生态战略的成长逻辑，即产品—平台—生态—生态型企业，进一步强调打造商业生态一定要强化生态运营。同时，本书结合鲜活的案例，系统地揭示了生态战略成功的内在规律。

本书非常适合正在推进企业转型的企业家和管理层阅读，也适合对生态战略感兴趣的企业管理人员、各行业精英、学者和在校师生学习，对关注企业价值成长的资本机构和投资人也有所启示和帮助。通过阅读本书，你可以从中窥视生态战略的真实全貌，助你企业转型早日走向成功。

◆ 著　　　　胡世良
责任编辑　李　强
责任印制　彭志环

◆ 人民邮电出版社出版发行　　北京市丰台区成寿寺路 11 号
邮编　100164　　电子邮件　315@ptpress.com.cn
网址　https://www.ptpress.com.cn
涿州市京南印刷厂印刷

◆ 开本：700×1000　1/16
印张：13.5　　　　2018 年 12 月第 1 版
字数：177 千字　　　　2023年 1月河北第 2次印刷

定价：68.00 元

读者服务热线：(010)81055493　印装质量热线：(010)81055316
反盗版热线：(010)81055315

推荐语

生态环境是任一生命体形成、发展、壮大的基础。价值链分工与智能互联的结合，在颠覆传统企业生态的同时，创造出全新的企业生态环境。这一生态环境的变化不仅改变了已有的商业竞争模式，而且开创了企业发展新路径。胡世良同志的这一著作，将企业发展与生态环境变革相融合，并以众多企业案例为基础，提炼出企业生态发展战略的理论逻辑与模式，具有很强的实用性。

强永昌——复旦大学国际贸易研究中心主任 博士生导师

互联网的快速发展，对产业形态与企业发展产生了深远的影响。如今，企业之间的竞争已上升到生态系统之间的竞争，生态战略推动企业转型发展的成功。胡世良同志的《生态战略》一书系统剖析了生态战略的战略逻辑，观点鲜明，视角独特，为企业更好地推进生态战略提供了根本遵循，不同读者均能从中获益。

王春晖——南京邮电大学教授、

工业和信息化部信息通信经济专家委员会委员

生态战略就是核心价值的打造与开放。互联网将一切连在一起，谁有价值谁就能成为这个网络中的连接点，一边连着需求，另一边连着社会资源。核心价值就是将社会资源转化成满足需求的能力。未来的企业要么成为连接点整合资源，要么成为资源被整合。本书是作者对当下企业所处的社会生态的系统性洞见，对企业生态化转型具有极大的指引价值。

刘同友——好孩子集团 CFO

从线性的横向、纵向的产业链，到网状结构的双边、多边市场的平台，再到当今富有时代精神的立体结构的生态经济，胡世良同志的这本著作从理论上解释了生态经济的来龙去脉，实践中以翔实的案例剖析了企业的成败得失，很值得企业家们认真研读。

周宏桥——独立学者，长江商学院 / 北大 / 复旦 / 交大 EMBA 创新课程教授，《半面创新》作者

生态战略是快速变化的互联网时代企业价值驱动的重要力量，一个开放的生态系统不仅有利于组织从外部获得能量和资源，也有利于组织适应外部环境的变化。作者以其深刻的洞察力，全方位展现了企业生态战略转型的格局和思维，值得关注企业价值的资本界同仁和企业管理层阅读品鉴。

何斌——君证资本管理有限公司董事长

我曾经担任过多家企业的战略顾问，对于这些企业来说，如何理解产业生态变革，如何推进生态基石战略，是传统企业转型中最大的难题。今日拜读胡世良同志的新作《生态战略》，大感欣喜，因为这本书案例翔实，分析透彻，提炼了诸多有启发性的策略和方法。转型创新的企业，都应该读读《生态战略》这本书，一定大有益处。

沈拓——多家大型企业战略顾问与创新教练

入口、平台、生态，是企业生命进化的三大阶段。如何理解并适应生态化战略下的价值创造和分配逻辑，作者条分缕析，娓娓道来，观点启迪思考，行动展现未来！

陈金桥——工业和信息化部信息通信经济专家委员会秘书长、中国信息通信研究院副总工程师

生态战略说起来容易，做起来难，做成功更难。这些年来，胡世良先生一直潜心研究企业转型和商业模式，把自己多年的积淀和思考写成了本书。本书勾勒出企业生态战略的全景视图，可帮助您的企业早日走向成功。我看后很受启发，特此推荐！

高宝霖——上海中昊针织有限公司董事长

生态战略要取得成功，需要对企业各方面提出新的要求，包括核心竞争力的打造、为客户创造价值、跨界融合、企业运营能力、组织模式；生态战略的成功更是企业转型的成功。本书为企业更好地实施生态战略、推进企业成功转型指明了方向和具体的实施路径，值得一读。

王明轩——国广东方副总经理，国广星空总裁

生态战略是企业在开放、创新、合作、融合、竞争的互联网时代持续发展的环境选择和先决条件，仿佛清新的空气、灿烂的阳光、纯净的水源之于人类生存。本书是作者长期研究和努力的结晶，作者系统化地提炼出生态战略的成功模式，有助于企业借鉴应用并在实施生态战略中开创新的商业模式，走向未来发展的巅峰。

杨锡高——上海邮电经济研究会秘书长、《邮电经济》杂志执行主编

前　言

我长期关注和研究企业转型及商业模式创新。企业成功转型是多种因素共同作用的结果，生态战略是其中重要的驱动因素之一。近几年来，“生态系统”日益成为企业战略和商业管理的热词。

生态系统建设有多重要，想必大家都是知道的。随着创新时代的到来，新技术、新模式、新业态不断涌现，企业之间的竞争已从以产品为中心、以客户为中心的竞争上升到企业生态系统之间的竞争。如今，生态战略正成为众多企业的重要战略选择。

“要么创造生态，要么融入生态”成为行业竞争的游戏规则。“产品型公司值十亿美元，平台型公司值百亿美元，生态型公司值千亿美元”，这是流传在互联网行业的一个说法。打造生态型公司，将成为众多企业家追求的最高境界。

“生态系统”最早是自然科学用语，这一概念被引入商业领域则相对较晚。1993 年，詹姆斯 · 穆尔（James Moore）在《哈佛商业评论》上第一次提出“商业生态系统”的概念，通过众多学者的逐步完善，生态系统正在成为商业竞争的一场革命。

众所周知，阿里巴巴已成为全球最大的电商帝国。阿里巴巴是如何起家的？是如何取得成功的？ 1999 年，马云正式辞去公职，创立了阿里巴巴，就是要做到“让天下没有难做的生意”。一开始，阿里巴巴通过平台开放、免费、制定平台规则，吸引大量卖家，打败 eBay，做大了电子商务平台。在此基础上，阿里巴巴通过战略联盟、投资并购，不断拓展业务版图，从而成就了阿里巴巴今天的辉煌。阿里巴巴为什么会成功？概括起来就是贯彻执行马云提出的建设商业生态系统而不是商业帝国的思想。可以说，阿里巴巴是生态战略成功的杰出代表。

智能时代已经到来，技术的高速发展、全球化的快速演进、新商业模式的大量涌现以及新市场和新需求的不断增长，使得企业面临越来越大的不确定性。可以说，生态战略是企业以确定性应对不确定性的必然选择，生态战略也是商业模式发展的必然趋势，生态战略在商业竞争中发挥着越来越重要的作用。生态战略之所以能发挥威力，关键在于生态战略顺应开放化、平台化、跨界融合化、互联网化的发展趋势，尤其是互联网的快速发展和普及，为生态战略有效对接社会资源提供了强大动力。

生态圈与价值链最大的区别在于，价值链强调如何利用企业已经拥有的内部资源从而形成竞争优势，而生态圈则强调企业如何通过建设一个价值平台，通过平台有效整合外部资源从而形成新的生态优势。生态优势不再是零和博弈，它强调的是共赢、共生、共融。生态优势不再追求“为我所有”，而是“为我所用”。在生态视角下，价值的创造、获取和超额利润来自于产业链上下游合作伙伴以及客户参与的共同创造，而不再是企业的内部价值创造活动。所以，打造生态优势是企业适应更加不确定性的环境变化的客观选择，要求企业从“管理好所拥有的资源”转变为“管理好不拥有的资源”。

研究发现，打造具有竞争力的生态圈是越来越多企业走向成功的重要特征。苹果、谷歌、腾讯、淘宝、华为、万达等公司之所以取得成功，关键在于打造一个强大的商业生态圈。其实，生态战略在我们的日常生活中随处可见。为什么集贸市场生意红火，为什么有影响力的论坛、展览会吸引众多赞助商和数以万计的参会人员，其本质也是很好地实施了生态战略。因此，企业要有更大的发展，就需要从更大的格局上牢固树立生态思维，实施生态战略，有效整合外部资源，在产业重构中实现企业持续健康的发展。

我们常常只看到实施生态战略成功的企业，而看不到实施生态战略不成功或失败的企业。其实，实施生态战略也是有风险的，为生态而生态是最大的风险。生态战略取得成功是多种因素共同作用的结果，包括构筑生态基石、打造有影响力的平台、实现跨界融合、推进资本经营和营造良好的内部生态，这些正是本书探讨的主题。

本书分析研究了大量实施生态战略而取得成功的国内外企业，以打造商业生态圈为主线，全面阐述了企业生态战略进化之路，总结和提炼出生态战略成功的基本框架和战略逻辑。通过阅读本书，你会慢慢了解到，无论商业环境怎样变化，打造商业生态依然有章可循。依照本书给出的生态战略的基本要素，遵循生态规律，坚持互联网思维，一定能帮助企业打造健康的商业生态，带领企业转型走向成功。

本书共有九章内容，对生态战略感兴趣的朋友，可以循序渐进地研读；对生态战略比较熟悉的读者，则可以选择自己感兴趣的章节阅读。

第一章对企业转型面临的环境变化进行了介绍，提出企业要成功转型需要重塑新优势，即生态优势。

第二章对生态战略进行系统解读，起到承上启下的作用，包括生态系统的内涵、生态战略的演进、开放竞争合作、生态系统的特征以及生态战略成功的关键要素。

第三章至第九章围绕生态战略成功的关键要素进行系统阐述，从而揭示生态战略的内在规律。第三章对什么是生态基石、成为生态基石应具备什么条件以及如何打造生态基石进行了系统的论述，指出打造生态基石在企业生态系统建设中的重要性，并开创性地提出企业核心竞争力是企业生态基石的论断；第四章对生态战略的核心进行进一步研究，核心就是创造价值，包括客户价值、平台价值和社会价值。

在互联网高速发展的今天，平台生态更具生命力。第五章对平台生态进行了研究，并给出了平台生态的四种模式，提出打造平台生态型企业是生态战略的最高目标。第六章结合大量案例，阐述生态战略在互联网金融、物联网、人工智能等行业的应用。第七章和第八章重点讲述跨界融合和资本经营，这两者都是生态战略的重要内容，有助于构建具有竞争力的商业生态。生态战略要取得成功还需要打造良好的组织生态，包括组织模式的灵活性、充分授权、提升生态运营能力和考核创新等内容，这些在第九章中都有论述。

著名管理学大师彼得・德鲁克说过：当今企业之间的竞争，不是产品之间的竞争，而是商业模式之间的竞争。我想，在智能互联时代，企业之间的竞争不仅仅是产品、商业模式的竞争，更是生态系统之间的竞争。打造强大的生态系统应是每家企业追求的目标。

本书是我长期从事企业转型、商业模式、移动互联网等领域研究成果的结晶，在写作过程中我参阅了大量的资料。本书之所以能高效顺利地完成，离不开我的好朋友王诗楠的默默支持和鼓励，在此表示衷心的感谢。

在写《生态战略》这本书的过程中，我得到了人民邮电出版社的大力支持，正是他们的辛勤付出才使得本书能够顺利出版，如期与广大读者见面。

最后，我还是谈一下为什么要写这本书。2017 年一次偶然的机会，我看到一家大公司下发的一份关于打造生态圈的文件。看完这份文件，我心里久久不能平静，寥寥几页内容与我想象的相差甚远，这使我对生态战略更加关注。自那以后我就着手写一本关于生态战略的著作，也希望为更多的企业更好地推进生态系统建设提供指引。长期的努力和追求，使我在企业高端决策咨询方面具有丰富的经验，我也真心地希望能充分发挥自身的优势，为我国企业转型发展做出更大的贡献，也真诚地希望与社会各界朋友交流与合作。

作者

目　录

第一章 新形势下企业转型的新选择

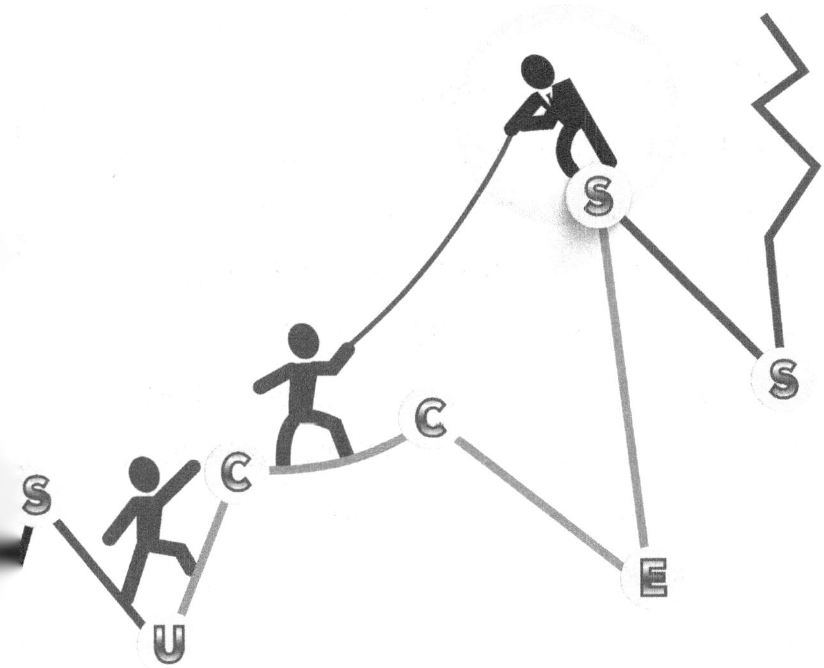

诺基亚的陨落让人唏嘘不已，摩托罗拉的衰败让人感慨万千，乐视生态大厦的坍塌让人大跌眼镜……随着移动互联网、物联网、人工智能的快速发展，各种新技术、新业务层出不穷，客户需求不断变化，传统企业发展面临更大的挑战，转型升级成为众多企业不得不直面的问题。

“不转型，就灭亡”已成为广泛共识。面对复杂多变的市场环境，转型成为企业持续发展的战略选择。在这变化的世界里，唯有找准方向、找到适合企业持续发展的模式和不断实现价值创造的企业，才能不断发展壮大。

变化是永恒的

世界上唯一不变的就是变化本身。这是一个变化的时代，也是一个不确定性时代，这需要我们提升透过现象看本质的能力。让我们先看看一家企业是如何顺应环境变化取得成功的。飞利浦是一家拥有超过 120 年历史的公司，给人的最大印象就是飞利浦是一家照明公司，其实不然，它是一家多元化的公司，它在照明、心脏监护等许多领域在全球具有领先地位。就是这样一家“百年老店”，自 2001 年以来，面临着前所未有的挑战，主要体现在：业务过于松散，不够聚焦，缺乏核心业务；公司的架构过于复杂，协调管理显得极为困难；组织决策过于迟缓，运营效率难以提高；经营面临困难，2001 年和 2002 年接连出现亏损。引发这些困难和问题的原因，一方面来自外部环境的变化，另一方面来自内部管理的问题，核心是战略定位不清晰。

对于飞利浦公司来说，外部环境真的变了。一是从行业变化来看，电子行业发生深刻的变化，互联网发展十分迅猛和普及，整个产业向智能化方向转变，智能互联、智能家居、物联网成为大势所趋。二是技术的飞速发展。随着互联网、物联网等快速发展，人类进入万物互联时代，尤其是智能化的发展，决定了传统电子时代将被智能互联时代所取代，要发展照明事业必须积极拥抱互联网，让照明智能起来。三是从医疗、智能生活来看，市场潜力巨大。2017 年，中国互联网医疗市场规模达到 325.3 亿元，较上年增长 45.9%，预计 2020 年，中国互联网医疗市场规模将达到 900 亿元。从智能可穿戴设备来看，潜力巨大。2017 年，我国智能可穿戴设备行业产量达到 5880 万台，同比增长 32.43%，我国智能可穿戴设备市场规模达到 264.1 亿元，较上年增长 42.4%。四是行业竞争愈演愈烈。在竞争激烈的市场，企业唯有创新发展、转型升级才能获得更好的发展。

企业面临的内外部环境发生的巨大变化，决定了飞利浦开启转型之路。在过去的十几年时间里，飞利浦为了成为一家目标明确、透明、敏捷并且具有活力的公司，不断通过各种剥离和收购，对业务组合进行调整，逐步转型成为一家专注于健康舒适、优质生活的多元化公司，专注于应用领域，核心业务聚焦在医疗保健、照明和优质生活三大领域，并将非核心生产环节进行外包。

2014 年，飞利浦把照明业务（Philips Lighting）分拆出来，独立在荷兰的阿姆斯特丹证券交易所上市，而飞利浦公司聚焦于医疗健康产业。这期间飞利浦发生了很大的变化，以前是卖硬件的，现在增加了软件和服务，飞利浦的销售模式、付费模式、合同模式、交付模式以及设计的流程模式都发生了很大的变化，不断创新变革，致力于从以技术为导向的创新向以市场为导向的创新转型，实现有价值的创新。

我们纵观飞利浦转型之路发现，企业要成功变革，就必须把握外部环境的变化，变化是永恒的。而那些对企业内外部环境变化熟视无睹的企业，必将难逃失败的厄运。像这样的例子数不胜数，诺基亚、柯达、摩托罗拉、雅虎、酷派……如今，我们正面临一个 VUCA（Volatile，动荡的；Unpredictable，不可测的；Complex，复杂的；Ambiguous，不确定的）的商业环境，用未来看现在是企业转型成功的一个重要条件，这就要求企业要把握未来发展趋势，要有超前的判断力。在VUCA环境下，未来带有不确定性，要降低不确定性风险，更需要企业对市场环境进行深入分析，对技术、产品、市场、客户、竞争、政策变化有着清晰的认识，看准了趋势就要提前准备，做好布局，推进变革，这样才能赢得未来。

杰克·韦尔奇曾经说过："我深信，如果公司内部变革的速度赶不上公司外部变革的速度，失败就是不可避免的，只不过是时间早晚的问题"。在这个世界经济一体化、经济结构快速调整、市场竞争瞬息万变、商业模式不断创新的时代，只有那些具有高战略的聪明公司才有可能生存，因为他们用全局的、发展的、有前瞻性的眼光去看待、思考问题，知道如何通过战略涅槃而保持在高速发展的轨道上，避免由于战略盲目、战略盲从、战略无能而导致企业折戟沉沙。

总之，在这变化动荡的世界中，企业转型要获得成功，一定要站到未来看现在，企业要增强"站到未来安排现在"的前瞻意识，站在未来的支点上，引领企业走向未来，创造未来，赢得未来。

以创新驱动推动企业转型

企业转型的根本就是企业更好地适应市场环境的变化，当前市场环境变化最大的特点就是进入智能互联时代，企业转型要成功，就必须把握移动互联网、物联网、人工智能快速发展的机遇，积极主动地推进企业转型。

互联网有一句很流行的话：风来了，猪都会飞起来。

但是，在互联网风口，并不是所有的猪都会飞起来，这意味着并不是所有的企业转型都会成功。

互联网是20世纪最伟大的发明之一。经过20多年的发展，我国互联网尤其是移动互联网发展迅猛。截止到2017年年底，我国互联网网民数达到7.72亿，互联网普及率达到55.8%，手机网民数达到7.53亿，网民中使用手机上网人群的占比由2016年的95.1%提升到2017年的97.5%。4G用户近11亿；物联网终端用户近4.3亿；移动应用日益丰富，移动App安装数量累计超过400万。如今，移动互联网已经融入社会生活各个领域，对人们生产、生活、工作产生深远的影响，对很多领域的创新发展起到很强的带动作用，同时，也为我国经济发展注入强大的新动力。

随着“互联网+”行动的大力推进以及信息通信技术的飞速发展，各种新技术、新产品、新模式、新公司不断涌现，互联网已成为创新驱动发展的先导力量，正深刻改变中国经济社会的发展生态。今天，谁不拥抱互联网，谁就将被时代抛弃。借助互联网的强大力量，越来越多的传统企业开启了互联网转型之路，旨在抓住智能互联这一风口，乘势而上，促进企业持续健康的发展。

当前，以移动互联网、物联网、人工智能为代表的数字经济发展十分迅猛，数字经济的快速发展给各行各业的融合创新带来难得的历史机遇。从“全面深化改革”到“‘十三五’规划纲要”，从“创新驱动战略”到“大众创业、万众创新”，从“‘互联网+’行动计划”到“中国制造2025”，从“深化国企改革”到“深化人才发展体制机制改革”……可以看出，除了数字经济这一风口外，还有政策风口、经济转型升级风口、深化改革风口、“双创”风口。风口意味着巨大的机遇，对于任何企业和创新创业者来说，风口都是公平的。只有善于抓住机遇，找准市场切入点，顺势而为，企业才有站在风口飞起来的机会。错过机会，就等于错过一个时代。

企业转型发展必须要抓住“风口”带来的巨大机遇，深入实施创新驱动发展战略。2013 年 9 月 30 日，中共中央政治局第九次集体学习，从“实施创新驱动发展战略”，到“必须把创新摆在国家发展全局的核心位置”，到“十三五”规划提出“创新、协调、绿色、开放、共享”的五大发展理念、“创新是引领发展的第一动力”，再到十九大报告更加强调要靠自主创新实现社会主义现代化目标……创新已成为推动经济发展、企业转型的重要力量。对于企业来说，创新不仅包括技术创新、产品创新，还包括商业模式创新、管理创新、机制体制创新和文化创新，只有切实推动以技术创新为核心的全面创新，寻找创新发展的突破口，企业转型才能取得成功。

虽然苹果公司仍然是全球收入规模较大、赢利较高的公司之一，但近年来的表现低于市场的期望。英国专业品牌咨询公司 Brand Finance 推出的“2017 年度全球最具价值品牌 500 强排行榜”中，谷歌荣登榜首，苹果掉出神坛，排在第二位，而且苹果品牌价值由 2016 年的 1459 亿美元下降到 2017 年的 1071 亿美元，约下跌 27%。自 2011 年乔布斯去世后，苹果公司再也没有推出像 iPod、iPhone 这种创新型的产品，完全靠吃老本保持着增长，如今的苹果创新不在，失去乔布斯的苹果已渐显衰退迹象。再伟大的公司，一旦失去创新精神，企业也难以保持基业长青。市场永远属于矢志创新者，不创新则必死无疑。

当前，企业转型发展面临的内外部环境发生了深刻变化，在很长一段时间，基于互联网发展起来的以 BATJ 为代表的互联网公司，让传统企业陷入“互联网焦虑症”，甚至很多企业互联网转型找不到有效办法，转型难以取得突破。造成这一结果的主要原因就是大多数传统企业还是固守传统的思维模式和方法，只是将互联网作为工具，并没有真正把握互联网转型的本质和规律，没有将传统模式与互联网模式深度融合。其实互联网转型是企业再造的一项系统工程，它是企业生产、经营、管理、模式、观念的系统变革，哪一环节出现问题都将影响转型的成功。

如今，我们正全面进入智能互联时代，开启互联网转型之路是传统企业适应新时代发展的必然选择。海尔、苏宁、红领集团、中国平安、荣昌洗衣……都是我国传统企业转型比较成功的公司。“企业平台化、员工创客化、客户个性化”“自创业、自组织、自驱动”是海尔转型的重要体现；实现线上线下零售 O2O 模式则是苏宁成功转型的标志；红领集团从一个传统服装工厂，到一家数据驱动的大规模定制服装工厂，再到如今的 C2M 个性化定制平台，真正将红领集团打造成一家 C2M 的智能工厂；中国平安则以大力推进开放式互联网金融服务平台为重点实施互联网转型；作为一家传统洗衣行业的企业，荣昌则顺应移动互联网发展大势，以推出 e 袋洗产品为核心，深入推进 O2O 模式，做到按袋付费、微信预约、上门取送，深受市场欢迎，开出了传统企业互联网转型的娇艳之花。这些传统企业互联网转型实践，值得每一个正在推进互联网转型的企业学习和借鉴。

传统企业互联网转型要取得成功，必须找到适合自身企业特点的发展模式，切不可盲目跟风，形似神不似，其根本就是要坚持创新，以创新推动企业转型发展。“不创新、就灭亡”绝不是危言耸听。

互联网预言大师凯文 · 凯利曾说过：“不管你们是做哪个行业的，真正对你们构成最大威胁的对手一定不是现在行业内的对手，而是那些行业之外的竞争对手。”是的，如今，新兴“独角兽”公司不断涌现，Uber、Airbnb、小米、新美大、陆金所、大疆、众安保险、神州租车、饿了么、春雨医生……新兴的成长性公司不断涌现。传统企业如果不变革，不能加快转型，很可能被“独角兽”公司以及未来的新兴公司所超越。

对于传统企业来说，面临智能互联时代的到来，它们要增强转型的危机感、紧迫感、机遇感，真正开启互联网转型之路，把握数字经济大发展的机遇，乘势而上，加快转型，企业转型发展之路才会越走越宽。

如今，企业生存发展的方式发生了根本性的变化，同时也为传统企业转型发展找到了有效路径。对于传统企业来说，转型要取得成功，不仅要抓住新的机遇，更要面对新的挑战，从容应对。一方面需要企业切实回归到产品上来，选准市场切入点，做精产品，做响新品牌，实施生态战略，实现跨界经营，推进模式创新，积极开展资本经营；另一方面，需要传统企业顺应互联网大势，做好战略经营，遵循企业发展规律、互联网发展规律、创新规律和社会发展规律，坚持开放合作，全面实施创新驱动战略，提高企业创新运营能力，深入推进机制创新、文化创新和组织创新。

互联网转型没有可借鉴的成熟模式，任何企业都要紧紧抓住智能互联时代的新机遇，摒弃传统的思维方式，努力探索一条适应新时代企业转型发展的道路。唯有如此，企业才能在数字经济的风口真正地飞起来。

今天，时代在变，一切都在变，唯有跟上时代，颠覆自己，勇于创新，才不会被时代所抛弃。互联网转型只有进行时，没有完成时，互联网转型正在路上。

企业转型应回归商业本质

企业发展的本质是什么？弄清这一问题，就能把握企业发展的核心，这一核心无疑就是产品，这也是企业从互联网思维回归商业本质的核心。可以想象，企业有了好产品，有了打造好产品的机制和环境，有了打造好产品的人才队伍，才能在市场竞争中战无不胜。

手机是现代人们生活中必不可少的多媒体通信工具，现在市面上的手机多种多样。除了苹果、三星这样的国外品牌，以华为为代表的国产手机正在不断崛起。华为先是通过"瘦身"砍掉80%的低端手机，强攻中高端市场，后是传出每年向苹果收取不菲的专利授权费，并与三星展开专利大战。如今，华为智能手机在中国市场排名第一，全球排名第二，截至2018年6月，华为占全球智能手机市场的份额达到15.8%。我们再看看小米科技公司，在雷军倡导的互联网思维下，小米手机一路高歌猛进，市值积极攀升，如今估值超过500亿美元，2017年实现收入1146亿元，较上年增长67.5%，2017年小米手机销售达到9240万部，重回全球智能手机前五位；2018年上半年，小米全球智能手机占市场份额达到9.3%，成为全球第四大智能手机品牌商。是什么让华为做到中国第一、全球第二？又是什么使小米续写神话？

近年来，互联网经济大潮汹涌，新思维、新理念、新模式、新业态层出不穷，互联网思维成为社会上最热门的话题。有的企业抓住互联网发展的机遇取得一时的成功，却也因此产生幻觉，以为互联网思维就是"万能药"，忽视了做企业最根本的东西，从而误入歧途，其结果之惨痛可想而知。

不可否认，小米抓住了手机从功能机向智能终端转变的机遇，通过互联网营销打开了中低端市场，重视网络口碑传播效应与客户体验，迎合了新兴消费群体的行为偏好。然而，这种营销模式变革很容易被效仿，所谓"互联网思维"并非核心竞争力，企业之间的竞争，最终还要回到商业本身。过于重视营销而非技术创新，让小米既无法摆脱高通对其芯片的控制，也难以在专利上打开局面，开辟海外市场；加上其所擅长的饥饿营销和注重"性价比"策略被后来者抄袭，导致从先发优势变得十分被动。小米亦步亦趋模仿苹果玩生态圈、粉丝经济，却忽视了苹果最重要、最核心的是不断创新的实力。如果没有技术创新的强大核心竞争力，就无法建立起别人难以攻破的生态圈，而那些用低价吸引过来的粉丝也并不忠诚。这些都是小米在2015—2016年一度跌出全球智能手机前五位的主要原因。好在，2017年，小米通过推出自主研发的澎湃S1处理器，大力发展小米之家，发布小米 6 等措施，逐步扭转颓势，重回全球智能手机市场前五位。

华为进入智能手机领域只有几年的时间，如今华为智能手机取得强劲增长的一个重要原因就是坚持客户导向，加大研发投入，强化自主创新，追求产品质量。华为每年拿出总收入的 15% 用于研发，在通信技术方面积累了三十多年，才能在今天所向披靡，在最能体现企业核心竞争力的知识产权领域更是扬眉吐气，摆脱我国高科技企业受制于人的尴尬境地，真正从“中国制造”走向“中国智造”。

华为和小米对企业转型最大的启示就是不能神话互联网思维，而要切实回归商业的本质。互联网最核心的本质是“去中心化”和“服务消费者”。因此，对任何企业来说，一方面，要学习理解新的互联网本质；另一方面，要立足企业自身特点去思考如何更好地服务消费者，如何打造令客户满意的产品，如何提升自主研发能力，如何打造良好的产业生态系统，如何实现商业模式的创新，如何推进企业管理变革和创新。

互联网经济确实有一些新理念值得借鉴，如减少中间环节、重视用户反馈、以互联网平台实现与外部连接等。但也不能过度夸大互联网的作用，一味玩噱头，忽视了筑牢技术、产品、服务等根基，那恐怕难逃失败的厄运。我们知道，不管什么时代，做好企业没有捷径可走，归根到底要靠实力说话，靠产品说话；如果没有强大的技术实力、没有具备竞争力的产品，企业很容易变成沙上建塔，成功来得容易，去得也快。

近几年来，我们热衷谈互联网思维、“互联网 +”、互联网转型、O2O、全渠道、打造卓越品牌、微商、跨界融合等。现在来看，互联网市场可谓“你方唱罢我方登台，场面热闹”，各种概念充斥市场，模仿抄袭比比皆是，将线下搬到线上就大吹“互联网 +”，市场的喧哗、企业的焦虑、用户的无奈无以言表。

好像企业不搞一些新概念、不傍上互联网思维、“互联网+”就跟不上时代了，过分夸大互联网思维。如今，我们面临的不确定性越来越大，无论怎样，企业发展追根溯源还是要回归商业本质，为消费者提供最好的商品、最好的服务。

什么是商业本质呢？商业本质就是消费者需要差异化的产品和良好的体验。如客户申请安装光纤就是满足其极速上网的体验，客户购买空气净化器就是需要呼吸新鲜的空气，等等。回归商业本质的根本就是做好产品，为客户创造价值。

回归商业本质要求企业一切经营工作都要围绕打造杰出产品这一中心有效开展，要切实解决阻碍这一中心工作的矛盾和问题。为此，要以打造杰出产品为核心来推动企业转型变革，重点应从组织架构、技术创新、研发体系、客户洞察、生态系统建设、资本经营、实行组织由大变小、打造适应移动互联网时代的人才队伍以及企业机制体制创新等多方面着手，为打造杰出产品创造条件。

如在组织机构上，建立清晰的以产品事业部或专业公司为显著特征的组织架构是正确选择。如阿里巴巴、苏宁等成立了众多事业部或专业化公司，无不是围绕产品进行组织架构的变革。海尔组织模式变革也值得传统企业学习和借鉴。海尔通过人单合一、化大为小、打造创客平台。如今，海尔共有3000多个自主经营体，海尔平台上有200多个创业小微，有超过100个小微年营收过亿元，41个小微引入风投，海尔通过量化分权，充分调动自主经营体和小微企业的积极性，使海尔更有创新活力和竞争力。

回归商业本质，打造杰出产品，更需要企业推进“品质革命”，树立质量为先、信誉至上的经营理念，发扬“工匠精神”，耐得住寂寞，经得住诱惑，下大力气在核心技术上进行攻坚克难，千方百计做好产品，全心全意打造精品，以制度保障产品品质，打造优质品牌。“张瑞敏砸冰箱”的故事很多人耳熟能详，如果没有对质量的坚守、没有近乎严苛的标准，也许“海尔”这个品牌早已消失。坚守“有缺陷的产品就是废品”这一信念，海尔不仅站稳了国内市场，还不断开拓了国际市场。只有心怀高远，才不会急功近利，才能把产品品质做到极致。

近几年来，我国电信运营商加快企业转型步伐，但从转型成效来看并不显著，收入仍处于低速增长。2017 年中国电信、中国移动、中国联通收入增长率分别达到 3.9% 、4.5% 和 0.2%，而且收入增长很大程度上依靠连接型业务和流量增长拉动，创新型业务发展还没有取得实质性突破。然而，在实践中，运营商都在顺应互联网潮流，采用互联网公司流行热词和做法，如互联网思维、迭代开发、跨界融合、O2O、“互联网 +”、战略联盟……但从结果来看，成效并不显著。如运营商在资本市场表现一般，缺乏领先的差异化精品，创新型业务发展差强人意，员工缺乏创新动力，企业持续发展动力不足等。运营商要改变这一状况，最根本的还是要回归商业的本质，做好产品才是良策。

面对市场环境的变化，企业要实现永续经营，基业长青，必须要有时不待我的紧迫感、危机感和机遇感，自觉运用互联网思维，切实回归到商业本质，善于抓住转型变革的主要矛盾，坚持以打造杰出产品为核心带动企业转型变革的总体思路，着重从机制体制、客户洞察、自主创新、生态系统建设等方面系统推进，聚焦重点，转变方式，创新求变，注重实效。我们相信，只要坚持，攻坚克难，企业一定能为客户提供更好的产品，一定能发展得更好、更快。

企业转型要重塑新优势

现在，还有很多企业经营模式仍是沿用传统经典理论，这些理论包括战略大师迈克尔 · 波特的竞争理论和价值链理论、普拉哈拉德和哈默尔的核心竞争力理论、特劳特定位理论、马歇尔等人提出的规模经济理论、朱兰的全面质量管理理论、杰瑞 · 麦卡锡的 4P 理论等，基于这些理论，我们看到当下不少企业在经营发展中常用的做法如下。

（1）企业经营完全是竞争导向，不是你赢就是我输，大打价格战、服务战、促销战，甚至不择手段，打压对手，抢夺用户。

（2）基于规模经济理论，企业将做大规模作为企业最为重要的经营目标，用户规模、收入规模是企业重要的考核目标，完成规模目标比什么都重要。

（3）企业仍然从 4P 理论考虑，充分运用价格、产品、渠道、促销等策略，以获得市场竞争优势。如很多企业欣赏全渠道策略，逢年过节擅长搞各种促销活动，等等。

（4）企业想方设法通过扩大用户规模来提升与供应商议价的能力，压低供应商价格。

（5）企业在价值链合作中喜欢强调以自我为中心，而不是以客户为中心，常常冠以成为价值链主导者和领导者，控制产业链。

（6）企业在市场竞争中，往往对过往形成的核心竞争力念念不忘，面对环境的变化，仍然习惯于传统做法，用固有核心优势加以应对，这在传统企业中表现得尤为突出。

可以看出，这些都是基于工业化时代的企业经营模式，更多地基于企业内部资源整合、内部资源利用，从而赢得竞争优势。在行业竞争相对稳定的情况下，企业是基于零和博弈和对企业内部资源的占有和控制，这种模式具有稳定性。

但随着环境的变化、不确定性增加，传统的经营管理模式面临巨大的挑战，主要表现在：互联网的高度发展和普及，彻底改变了人们的工作、生活和学习方式；信息通信技术不断发展，新产品、新业态、新模式层出不穷，产业环境日趋动荡，消费需求呈现碎片化、多元化、个性化的发展态势；产业边界逐渐模糊，跨界合作与价值共创成为潮流。任何一家企业都不是生存在封闭的环境中，而是处于一个开放共赢的时代。

如今，人们越来越意识到：仅仅依靠传统的做法赢得竞争优势已经越来越不适应时代发展的需求了，企业需要在新的商业环境下，坚持开放合作，善于连接和整合外部资源，实施生态战略，重塑新的竞争优势——生态优势。

在新的市场环境下，企业的优势不仅仅来源于内部价值链活动的优化和资源能力的积累，还来源于对外部资源的有效利用，也就是企业整合商业生态圈元素，协调、优化生态圈内伙伴关系的能力。与内生的竞争优势相比，生态优势强调的是“外部关系”，不仅仅关注自身的价值链，还要重新定义和优化价值网上的活动，管理好不属于自己的资源。

生态优势与传统竞争优势相比，具有明显的适应性和可持续性，如表 1-1 所示。生态优势强调共赢——把饼做大，形成共生、共融、共赢、共创的利益共同体。生态优势不追求“为我所有”，而是“为我所用”，有效地对接外部资源，尤其是在互联网高度发达的今天，通过打造平台生态实现与外部资源的连接，从共同打造商业生态圈中实现共生共赢。腾讯并不拥有微信平台上公众号的所有权，但是公众号文章的阅读量会推动微信平台的繁荣；亚马逊 Kindle 不做内容出版业务，但是优秀出版商的电子书籍下载量会提升 Kindle 产品的影响力。一方的繁荣并不是以另一方的萧条为代价，而是你中有我、互惠互利的。

表 1-1　传统竞争优势与生态优势比较

	传统竞争优势	生态优势
竞争性质	零和博弈	共生、共融、共赢、共创
开放程度	相对封闭	深化开放合作
价值创造	内生的，强调以我为中心	外生的，强调共同做大市场
竞争手段	同质竞争	打造平台，实现利益共同体
优势来源	管理好所拥有的资源	管理好不拥有的资源
价值获取	价值链活动	价值网活动
优势表现形式	成本领先、差异化产品等	形成具有竞争力的商业生态圈

今天，任何企业要生存和发展，都不可能拥有企业经营的所有资源，企业要立足市场，实现成功转型，靠的是拥有独特的、持续的优势。这种优势不仅来源于企业内部，也来源于企业外部，聪明的企业都走生态战略之路，就是坚持开放合作，善于借力打力，努力打造具有竞争力的商业生态圈，共同做大市场，做大产业，实现共同发展，共同繁荣，共享生态发展带来的红利。淘宝取得今天的巨大成功，一个重要的原因在于打造强大的电子商务生态圈。马云有一句著名的名言："淘宝不只是一个交易网站，而是一个电子商务生态圈的符号，无论线上线下，无论 PC 互联网还是移动互联网平台，只要人们想到购物和交易，淘宝将无处不在"。然而，诺基亚、摩托罗拉、RIM……几个昔日手机巨头在苹果推出 iPhone 后退居二线，苦苦挣扎，走下神坛。它们衰落的主要原因就是无法快速建立一个有规模、可持续的生态系统。

著名管理学大师彼得 · 德鲁克说过："当今企业之间的竞争，不是产品之间的竞争，而是商业模式之间的竞争"。在开放合作的大潮下，企业之间的竞争更是生态系统之间的竞争。企业生态战略要取得成功，传统的竞争优势是打造生态优势的基础，生态优势是巩固和扩大企业竞争优势的重要力量。在开放合作、跨界融合兴起的今天，重塑生态优势的重要性更为明显。打造生态优势需要企业实施生态战略。如今，生态战略成为众多企业参与市场竞争的重要战略选择。什么是生态战略？生态战略成功的关键要素有哪些？企业如何更好地推进生态战略？本书第二章至第九章将给出答案，这些章节必将对你更好地理解和正确地实施生态战略大有帮助。

第二章 什么是生态战略

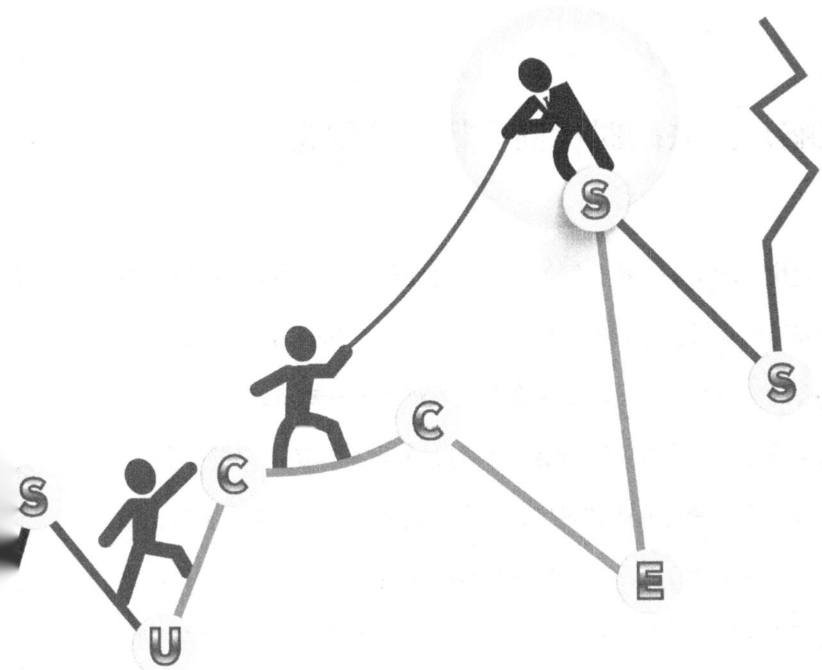

2017 年腾讯与苹果之争，靠的是各自拥有强大的生态体系。2017 年腾讯和苹果市值分别达到 3940 亿美元和 8150 亿美元。

互联网行业盛传：产品型公司十亿量级，平台型公司百亿量级，生态型公司千亿量级。显而易见，生态型公司是企业最高形态。如今，越来越多的企业为了发展壮大，纷纷走上了向生态型公司转型的道路。

当前，无论是实体经济还是互联网公司，都在积极推进生态系统建设，如中国电信转型 3.0 战略提出打造智能连接生态圈、智慧家庭生态圈、新型 ICT 生态圈、物联网生态圈和互联网金融生态圈这五大生态圈，以生态圈建设促进业务发展和企业竞争力提升。面临互联网更加开放的市场环境，如何打造一个共生共赢的生态系统关系到企业转型的成败。

生态战略：互联网时代商业模式的颠覆

随着环境的变化，传统的规模化发展战略、专业化战略、多元化战略与垂直一体化战略越来越面临挑战，生态战略却显现出它巨大的威力。如今，能否构建一个垂直整合的生态系统，已经成为企业能否进入第一梯队的分水岭。

我们常常看到很多公司制定年度发展目标时，最重视的是用户发展多少，收入规模达到多少，收入增长率达到多少，还有就是市场份额要达到多少，等等。这些企业把追求规模放在第一位，这就是规模化发展战略。当然，企业将经营规模作为重要的发展目标来追求，这无可厚非。但规模发展也有其局限性，主要表现在：很多企业规模的取得主要是靠投入拉动的，追求数量而不是追求发展质量；随着市场饱和，规模发展空间将受到限制，企业发展必将遇到瓶颈；追求规模发展，本质上是竞争导向，而不是客户导向，这样的发展也是不可持续的；更为重要的是，无论是收入规模还是用户规模，它们都是结果性指标，导致企业在经营发展中只注重结果不注重过程，不可避免陷入“规模发展综合症”。

生态战略不是多元化战略。多元化战略最大的问题是不同业务之间相互博弈、相互争夺资源，而不是相互协同，相互助力。比如联想集团的电脑、手机、服务器、地产、农业、风险投资业务之间缺乏任何协同，相互博弈。联想手机不仅没能帮助提升联想集团整体价值，反而降低了联想个人电脑业务的品牌影响力。

生态战略也不同于垂直一体化战略。垂直化一体化战略讲的是企业围绕核心业务向产业链上下游延伸，通过对上下游的业务布局实现公司增长。垂直一体化战略本质就是企业上下游都要自己做，正所谓“肥水不流外人田”。进入新时代，垂直一体化战略也面临挑战。垂直一体化战略最大的问题是上下游业务的简单累加，形成不了合力，创造不出全新的产品体验。我们知道三星、LG、夏普、索尼等日韩企业是垂直一体化战略的代表，它们都围绕品牌在面板、半导体、电池与存储领域等产业链上游进行布局。这种战略在日韩企业发展历史上都曾经起到过一定的作用，但是近些年，这些采用垂直一体化模式的企业也遇到巨大困难。如今，三星、LG的手机与电视销量大幅下滑，夏普被富士康收购，索尼也面临业绩巨亏的尴尬。

如今，我们正阔步进入新时代，新时代呼唤新的商业模式，新的商业模式需要新的思维。我们正处于变化的时代，变革是常态，不变革反而是反常的事。同样，商业模式创新和变革是我们每个企业必须思考的战略问题。

让我们看看近几年来在全球范围内涌现的一大批优秀的公司，如美国的苹果、亚马逊、谷歌、Facebook，中国的阿里巴巴、腾讯、京东、苏宁、大疆创新、海尔和万达。

这些企业为什么会成功？当然成功的原因是多方面的，但我们研究发现它们一个共同特点走的是“从产品到平台，再从平台到生态”的发展之路。苹果公司依靠打造 iPod、iPhone、iPad 等杰出的产品，以此垂直整合硬件、iOS、富士康等产业链。随后，盈利重心从硬件产品转移到了软件和内容增值服务，这就是苹果的平台战略。当无数开发商围绕苹果手机纷纷开发应用程序 App 时，苹果生态圈成型了，而且越发强大。亚马逊 Kindle 垂直整合了硬件、软件、图书内容与互联网。阿里巴巴构建淘宝、天猫、支付宝、物流的生态帝国。京东构建包括电商、O2O、物流、互联网金融和大数据五大板块的生态体系。

为什么生态战略具有强大的竞争力？最主要的原因是生态战略能使合作企业与主导公司目标一致，优势互补，相互依托，避免竞争，能够真正形成合力，实现“1+1>2”的效果，能够持续为客户创造价值。苹果公司没有面板、没有芯片、没有工厂，却生产出了比三星更为优秀的手机，这就是生态战略发生化学反应的结果。

据统计，全球规模排名前 100 家的企业里，有 60 家企业的主要收入来自平台商业模式。在中国，平台商业模式也已经出现在越来越多的行业。不仅仅是互联网行业，许多传统行业如零售业、银行业和地产业的企业都在利用平台商业模式获利并持续扩大市场版图。平台商业模式之所以受到各行各业的热捧，关键是这些企业利用互联网，对接内外部社会资源，打造良好的产业生态，最终使平台经营走向成功。

正所谓“网络、平台、生态”已成为当下企业转型、商业模式创新的重要内容，企业通过平台的双边效应和多边效应聚焦超越时间和空间的信息、资源、客户、供应商等资源，打造产业生态，提升企业竞争力。例如淘宝以海量的电商和海量的客户的聚合为基础，从而缔造了今天的电子商务生态圈帝国。

所以说，用平台思维推进生态战略，对于企业来说，更具有竞争力，可以获得更大的发展机会，也更加符合时代发展的要求。因为平台越大，聚合能力越强，生态系统就越巩固、越强大。

在移动智能时代，企业之间的竞争由“商业模式的竞争”上升到了“生态圈的竞争”。因此，企业最重要的是要学会进行开放的战略布局，善于嫁接并整合外在的资源，借力借势，将企业打造成生态型企业，构建完善的企业生态系统，促使生态系统中的各成员高效协作。

生态战略演进

美国哈佛商学院著名战略学家迈克尔 · 波特于 1985 年最早提出价值链理论。价值链是产业竞争分析的经典框架，它对于认识单个企业在产业格局中的竞争态势具有很强的指导意义。波特认为：“每一个企业都是在设计、生产、销售、发送和辅助其产品的过程中进行种种活动的集合体”，它更多的是指企业内价值创造过程中所有活动构成的整体。可以看出，传统的价值链是线性的（见图 2-1）。

图 2-1　线性价值链

这种线性价值链思维是工业化时代的产物。“羊毛出在羊身上”就是基于传统线性价值链的直线思维方法，这在很大程度上制约企业拓展更大的发展空间。

随着网络时代和新经济时代的到来，产业界限越来越模糊，产业关联度越来越高，跨界成了互联网时代商业竞争的常态。因此，传统价值链这种线性的思维模式越来越受到挑战，我们面对的是一个更加开放的市场环境，商业模式也发生了翻天覆地的变化，新的商业形态层出不穷。

在互联网时代，为了更好、更快地满足用户需求，传统的价值链模型会被互联网技术和互联网思维进行重构，价值网概念也就应运而生。

价值网（Value Web）是由客户、供应商、合作企业和它们之间的信息流构成的动态网络。它是由真实的顾客需求所触发，能够快速有效地对客户需求做出反应的一个网状架构。价值网的概念突破了原有价值链的范畴，根据顾客需求，各个相互协作企业在更大的范围内组成了一个虚拟价值网。之所以称之为价值网是因为它为所有参与者：企业、供应商和顾客都提供价值，并且参与者之间是基于相互协作的、数字化的网络而运作的。例如，硬蛋平台帮助客户创造了一种新的协作关系，从原来的线性价值链发展为动态的价值网。现在，硬蛋众包平台上的客户，既是产品和服务的提供商，也是需求方。硬蛋的供应商有五千多家，它们除了给平台上的创客提供产品或服务，还能从平台上获得产品或服务支持。

价值网的本质就是打造多方合作、互利共赢的产业生态系统，生态系统建设是价值网发展的升华，也是如今传统企业和互联网公司普遍采取的重要战略，并成为企业市场制胜的重要手段。

从价值网到生态系统是一种进化，是一次飞跃。毫无疑问，生态系统与自然界的生态圈有异曲同工之处。按照生物学的说法，生态圈是一个复杂的开放系统，是一个生命物质与非生命物质的自我调节系统。在这个圈子里，生物的生命活动促进了能量流动和物质循环，并引起生物的生命活动发生变化。生物要从环境中取得必需的能量和物质，就得适应环境，环境发生了变化，又反过来推动生物提升其适应性，这种反作用促进了整个生物界持续不断的变化。

也就是说生态圈是一个你中有我，我中有你，你影响我，我影响你，共生共赢，天道循环，自然代谢的闭合系统。地球生物圈就是一个复杂的生态圈。

“商业生态系统”一词最早是由美国战略学者詹姆斯·穆尔于1993年在《哈佛商业评论》所发表的《捕食者与被捕食者：竞争的新生态学》一文中提出的。商业生态系统是指在一定时间和空间内由相关产业链各方企业、消费者、市场和政府共同构成的一个群体，它们在商业生态系统中担当着不同的角色，各司其职，但又形成互赖、互依、共生的生态系统。一损俱损，一荣俱荣，商业生态系统中任何一个环节遭到破坏、任何一家企业的利益被损害，都会影响到整个商业生态系统的平衡和稳定，并最终损害系统中的每一个参与者。

良好的产业生态系统要求价值链各方相互合作、目标一致、风险共担、利益共享，共同构建一个有利于快速、有效地推动产业发展的整体，任何一方不予合作或合作积极性不高，都将对产业健康发展产生影响，甚至导致产业发展的滞后或失败。与自然生态系统中的物种一样，商业生态系统中的每一个环节都是整个商业生态系统的一部分，每一家企业最终都要与整个商业生态系统共命运。因此，构建一个和谐共赢的产业生态系统至关重要。如移动互联网产业生态系统成员主要包括电信运营商、终端供应商、内容提供商、软件服务商、服务提供商、互联网公司、消费者、政府等，它们共同组成一个产业生态系统。

构建一个牢固且有竞争力的商业生态系统，应具有如下几个特点。第一，商业生态圈的各个成员各有分工，围绕一家核心企业，协同为用户创造价值。第二，生态圈的各个成员之间存在一种依赖关系，每个成员的利益都与其他成员相联系，一荣俱荣、一损俱损，形成很强的共生关系。第三，生态圈的核心是提供一个平台，使各个成员都能通过这个平台获益，从而吸引更多成员加入，形成生态正循环。第四，生态圈对各个成员形成了一种黏性，让各个成员难以离开，缺一不可，且难以找到替代品。

如今，生态战略演进正从原来的线性产业价值链逐渐演化成网状产业生态圈，进化为一个以用户为中心实现互联高效协同的产业生态系统（见图 2-2）。

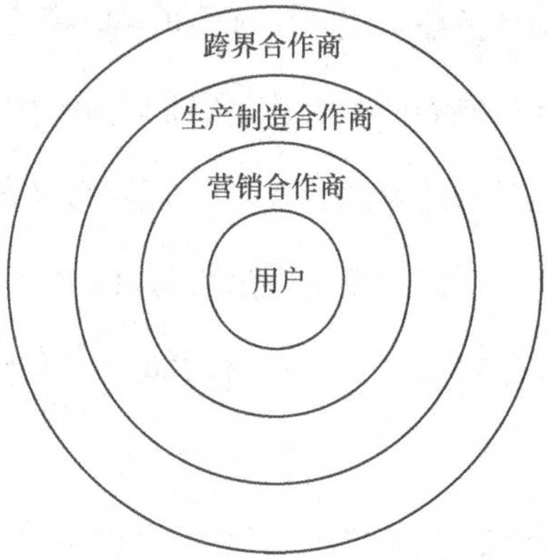

图 2-2　同心网状产业生态圈

由图 2-2 可以看出，在生态系统建设中，最为关键不是平台、生产、营销、跨界本身，而是用户。谁掌握了用户，谁就有业务拓展的空间和在整合产业链上博弈的话语权，平台、生产、制造、跨界只是布局生态系统的有效手段。因此，任何企业实施生态战略，就必须始终坚持将“以用户为中心、为客户创造价值”作为生态系统建设的核心。唯有如此，才能为生态系统各方创造价值，生态系统才更有凝聚力、竞争力。

如今，智能互联时代已经到来，各种新技术、新产品、新模式层出不穷，竞争与合作同在，产业融合不断加快，而且企业身处复杂的多元系统，面对多种多样的利益相关方。从企业战略的角度来说，从价值链向生态系统的升级已成必然趋势，生态战略成为企业竞争制胜的最高境界。

开放、竞争与合作

如今，中国已经成为全球第二大经济体、第一大工业国、第一大货物贸易国、第一大外汇储备国，人民生活从贫乏走向充裕、从贫困走向小康。之所以取得今天的辉煌成就，就是自 1978 年十一届三中全会以来，我国走过了 40 年的改革开放的道路。

2018 年 4 月，习近平总书记在博鳌论坛向世界发出进一步改革开放的时代强音，“中国开放的大门不会关闭，只会越开越大”，由此开启了中国新一轮改革开放的新征程，坚持改革开放必将为我国经济新发展创造更大的发展空间。

开放是世界经济社会发展的必然趋势，开放也是“互联网 +”“万物互联”时代的基本原则和重要特征。事物是通过相互联系、相互作用的方式实现自身发展的。互联网技术实现了万物互联，万物通过开放实现信息相互交流，任何人、企业、组织都生活在开放的社会环境中。

因此，实施生态战略要求企业摒弃封闭、迎接开放，就不能构建封闭的生态系统，要针对不同类型的合作伙伴采取差异化的开放策略。要以客户需求为圆心，以优质服务为半径，通过互联网平台主动对接客户、对接市场、对接社会，加强与产业链合作，将会获得更多的优质资源，从而使企业获得更广阔的发展空间。

开放就是无边界。如今越来越多的企业都奉行开放合作战略，不仅对内部全员开放，更重要的是对外部开放，为合作伙伴赋能，做到外部的资源可以顺畅地进来，内部资源实现对外共享。开放不仅意味着企业资源可以得到最大效率的应用，也意味着可以不断探索未来发展新方向。开放的最终目的就是有效整合内外部资源，聚焦价值链合作伙伴，打造良好的生态环境，提高企业的竞争力。思科就是非常开放的公司。思科曾举办一场全球性的创新竞赛，这场创新竞赛的目的就是获取创新的点子，而这些点子可以来自世界任何一个地方。

腾讯如今成为市值超过 3000 亿美元的公司，其成功的一大重要原因就是坚持开放战略。2011 年腾讯正式实施开放战略，已走过八年的历程。通过实施“双百计划”、成立产业基金等方式，腾讯以“去中心化”的方式，把平台能力开放给广大品牌商、零售商以及商业企业等合作伙伴，以连接的智慧化、内容的生态化和技术的云化三个举措，在流量和变现、投资孵化、线下双创基地等领域全面扶植内容创业者，重点立足于科技与人文两大支点，着力推动以 AI 为核心的新科技开放平台和以泛内容为核心的大内容开放平台，实现从流量开放到能力开放再到生态系统开放的跨越。腾讯开放八年来，合作伙伴总数已超 1300 万，创造就业岗位 2500 万个，累计总分成超过 230 亿元，孵化的 100 个项目总估值已超过 600 亿元，其中阅文集团正是腾讯内容开放战略的成果之一，市值近千亿元。

小米于 2010 年成立，如今是一家估值超过 500 亿美元的公司，它的成功也是坚持开放，打造小米生态体系。伴随着物联网、智能硬件等概念的不断升温，IoT 平台成为众多科技公司必争之地。2017 年 11 月 28 日，小米召开了首届 IoT 开发者大会。以米家 App 为代表的小米 IoT 平台，通过开放合作，吸纳了众多非小米品牌、非小米生态链公司的第三方智能硬件产品。自 2015 年初小米实施以手机为核心连接所有设备的 IoT 战略以来，小米 IoT 平台联网设备已经超过了 8500 万，接入设备超过 800 种，合作伙伴超过 400 家，如今，小米已经成为全球最大智能硬件 IoT 平台。

近年来，娃哈哈正在遭遇前所未有的困境，这已是不争的事实，这在很大程度上与“封闭式创新”模式带来的创新效率低下、研发投资回报率低等问题有关。如今，国际上很多著名企业都采取“开放式创新”模式，即使自身研发能力够强，也注重充分利用外部创新力量，开展外部合作，整合各种创新资源，这是值得包括娃哈哈在内的中国企业学习借鉴的。一直坚持创新的苹果公司经历了辉煌、沉沦、重整的过程，一个关键点就在于其创新模式的改变。

面对开放的市场环境，企业一方面要坚持自主创新，另一方面要更加突出开放合作，创新和开放是相互促进的。这就要求企业要将开放合作摆在更加突出的位置，坚持合作共赢的发展观念，因势而动，主动作为，不能封闭单独搞创新，而要充分利用开放合作的好政策、好环境以及企业的优势资源，立足于国际视野，主动走出去、请进来，积极开展跨界的行业合作和战略投资，对接和吸纳社会优质资源，拓展经营活动领域，以开放促转型，以开放促发展，实现开放合作取得新突破。

生态系统的四大特征

按照生物学的概念，生态系统是一个复杂的开放系统，是一个生命物质与非生命物质的自我调节系统，在这个自然生态圈里，生物的生命活动促进了能量流动和物质循环，并引起生物的生命活动发生变化。生物要从环境中取得必需的能量和物质，就得适应环境，环境发生了变化，又反过来推动生物提升其适应性，这种反作用促进了整个生物界持续不断地进化。也就是说，生态系统是一个你中有我、我中有你、相互影响、共生共赢的开放系统。

与建立在价值链模型上的商业模式不同，基于生态圈的商业模式将重心从企业内部转向企业外部，从经营企业自身能力和资源转向撬动价值平台相关企业的能力和资源。一个具有竞争力的高度进化的生态系统，不仅能聚集越来越多的合作伙伴，而且能为广大客户和消费者提供更多个性化、多元化的产品，更能为合作伙伴创造合作共赢、和谐发展的局面。这样的生态系统也是每家企业实施生态战略追求的目标，大凡成功的企业无不是打造强大的生态系统而战无不胜。那良好的生态系统应具有哪些特征呢？笔者在研究国内外成功实施生态战略的企业之后，概括起来，生态战略主要呈现以下四大特征：价值共创、互利共生、不可模仿以及放大效应。

第一个特征就是价值共创。价值共创是指生态模式突破了由成员在内部通过扩大投入、缩减成本、提高效率等方式提高自身核心竞争力的模式，而代之以通过平台，以自身能力为基础撬动生态圈，借助合作伙伴的资源和能力来共同创造价值。

在价值链模式中，价值是按链条中的不同环节进行分配的，任何一个环节的利得都意味着其他环节的损失，这使价值链的主导企业有动力去进行整合，将更多的业务纳入自己的掌控中。在这一模式中，任何能力都来源于企业内部，需要不断加大投入，导致企业资产越来越重。

而在生态模式中，价值是被不断创造出来的，主导企业与其费尽心力将内部资源和能力整合起来，不如考虑如何将平台做大，吸引更多伙伴加入生态圈。同时，生态圈的价值创造是多元化的，每个伙伴都依赖其能力为系统贡献不同价值，能力上的错位也使整合的可行性大为下降。这两个因素使生态圈成员的战略着眼点从整合——价值分割，转向了共享——价值创造。而突破整合的限制，也使企业无须再进行重资产投入以全方面地培养自己的核心能力，而是更加关注如何与系统内其他成员相互配合，利用不同成员各自的能力实现价值共创。

互利共生是生态模式第二个特征。生物学对共生的概念是这样描述的：共生是生物在长期进化过程中，逐渐与其他生物走向联合，共同适应复杂多变环境的一种生物与生物之间的相互关系。

只有彼此之间存在强互利关系，相互依存，缺一不可，才能称之为共生。生物学中的共生有三种形态：互利共生系统、偏利共生系统和寄生共生系统。商业生态圈的共生则更多是互利共生的生态系统，因为没有互利就不可能有长远的合作。正所谓：天下熙熙，皆为利来，天下攘攘，皆为利往。

商业生态圈中的互利共生有两种形态：一种是在一个区域范围内，因横向关联关系而形成的产业集群。在这一生态系统中，各成员之间既互相合作又相互竞争，从而共同进化。另一种形态是因纵向关系而形成的产业链。这种生态系统下各成员之间也是既合作又竞争。

共生将不同的利益相关者聚集在一起，要形成欣欣向荣的局面，关键是你和共生对象要和睦相处，在正在形成的商业生态圈中找到各自的位置，在生态进化中实现共生成长、共创共赢。

生态模式的第三个特征，是其不可模仿性。生态圈的不可模仿性源于核心竞争力从企业内部转向网络，一方转向多方。普拉哈拉德（C.K. Prahalad）教授在提出“核心竞争力”概念时，即强调企业取胜于竞争对手的能力的集合是核心竞争力，由于其独特的组合方式，这种核心竞争力是难以复制的。而生态圈则是由多个不同能力、不同定位的企业所组成的，其形成的方式比一家企业的内部组织更为复杂。

生态圈的核心竞争力可以视为所有成员企业的核心竞争力的综合体，这种复杂性从根本上决定了生态圈的不可复制性，而随着生态系统成员的不断扩大，其竞争力也会不断增强，使得后来者复制生态圈的难度越来越大。苹果、阿里的生态系统就具有不可复制性，从而使这两家公司保持旺盛的生命力。

生态模式的第四个特征在于其放大效应。生态圈创造了一个价值平台，使成员能够利用这一平台实现自身的目标。如微软向其他软件公司提供软件工具和技术，使他们能够为Windows系统开发软件。这使平台所能够创造的价值远远超过了微软一家公司所能够创造的价值。

通过生态圈内部的整合，这种价值创造还会被进一步放大。这种超越依赖企业自身能力和资源的模式，使生态圈的优势随着伙伴的不断增加而增长，而参与的各方，也可以通过利用平台的优势，借助其他成员的能力和资源而获取业绩增长。

随着更多企业和组织认识到生态模式的巨大优势，生态模式必将重塑未来的商业格局。如今，企业之间的竞争已进入竞争2.0时代——生态圈的竞争。

生态系统建设关键成功要素

现在企业之间的竞争愈演愈烈，企业要想生存、发展就必须不断提高企业的竞争力，打造企业的竞争新优势。在当前市场环境变化越来越复杂的今天，打造良好产业生态系统、构建生态优势，成为众多企业提升企业竞争力、实现企业持续发展的重要战略选择。打造生态优势需要把握生态圈建设的关键成功要素，概括起来，打造生态优势有七大关键要素。

一是构筑生态基石。基石就是基础的基础，就是生态系统成长的土壤。一个企业打造强大的生态系统往往是先从打造生态基石着手，并在生态基石做优、做强、做大的基础上，逐步向产业链上下游延伸，从而逐步打造基于生态基石的生态系统。生态基石可以是入口、平台和应用等。阿里巴巴的成功在于打造了强大的电商帝国，基于强大的电商平台，逐步向金融、娱乐、智慧家庭等领域拓展，从而构筑强大的生态圈；腾讯生态系统是基于拥有规模庞大的 QQ 和微信用户群体，QQ 和微信无疑是腾讯成功的基石；360 成功是建立在为用户永久提供免费安全卫士的基础之上，等等。建立和拥有生态基石的企业，一般都占据着具有广泛联系的生态体系中心的位置，为更多的创新提供了基础，它们调整生态体系成员之间的各种联系，增进了整个体系的多样性和生产效率。拥有生态基石的企业打造的生态系统更为强大、更有竞争力。

二是坚持开放合作。互联网是开放的，企业生态圈建设就需要摒弃封闭、迎接开放。固步自封，永远难有新的发展。开放就是无边界。如今越来越多的企业都奉行开放合作战略，不仅对内部全员开放，更重要的是对外部开放，做到外部的资源可以顺畅地引进来，内部资源和能力实现对外共享。开放的最终目的就是有效整合内外部资源，聚焦价值链合作伙伴，打造良好的生态环境，提高企业的竞争力。360 进入智能家居领域，就秉承开放理念，打造真正的开放平台，能够让更多不同类型和不同品牌的产品实现互联互通，构建开放共赢的生态圈。海尔为适应互联网发展趋势，积极推进“企业平台化、员工创客化、用户个性化”，坚持开放合作，打造创客平台，成效显著。截至 2017 年底，海尔创客平台已有 200 多家小微企业，其中，超过 100 家小微企业年营业收入超过 1 亿元，41 家小微企业引入风投，12 家小微企业估值超过 1 亿元。

三是拥有强大的核心竞争力。苹果公司正是凭借强大的创新能力、追求极致的客户体验，从而有效整合内外部资源，构筑苹果产业生态圈。因此，对于转型中的企业来说，打造生态优势，不能忘记企业生存之本——拥有核心竞争力。只有建立在强大核心竞争力基础上的产业链合作才最为有效，最为牢靠，也最为长久。

四是打造平台。互联网时代，平台模式最具有生命力。平台带来的商业革命已经改写了现在及未来的企业生存规则，这股浪潮已经从互联网行业蔓延到了其他行业。可以说，平台模式是“互联网 +”时代的重要商业模式，平台模式的核心是打造足够大的平台。实际上，蚂蚁金服、小米科技、滴滴出行、陆金所、饿了么、Uber、Airbnb 等众多“独角兽”企业都是运用平台模式，打造平台生态圈。

五是越来越多的企业重视通过投资、收购等资本运营活动打造生态圈。2013 年以来，阿里巴巴收购了高德地图、UC 科技、优酷土豆，并战略投资了新浪微博、银泰商业、快的、海尔电器、苏宁、饿了么等，打造了体系相对完善的生态圈。小米科技通过战略投资美的等多家公司，意在打造智能家居生态系统。美国的 AT&T、Verizon 等电信运营商也是通过大量收购打造生态圈，实现企业向数字化转型。2014 年 5 月 19 日，AT&T 以 485 亿美元的价格收购美国第一大卫星电视运营商 DirecTV，2016 年 10 月，AT&T 以 854 亿美元的价格收购时代华纳。2015 年 5 月，Verizon 以 44 亿美元收购 AOL，2016 年 7 月又以 48.3 亿美元收购雅虎的核心业务，Verizon 还联手出版和传媒巨头 Hearst 共建了一个聚焦移动内容的合资企业，积极拓展移动媒体业务领域。

六是战略协同。“互联网 +”的迅猛发展，打破了产业边界，企业与外部的联系不断加强，跨界融合拓展了企业边界。战略协同是指企业在打造生态系统过程中，能使产业链各方达成目标一致，优势互补，协同配合，能最大化地发挥各自的优势，达到 1+1>2 的协同效应，从而使生态系统运营高效，而且能为用户不断创造价值。

七是内部协同。内部协同是指企业内部各个业务部门或各个子生态能够相互依存、相互支持、共生共长，而且它们之间是相互协同，共同构筑一个良好的内部生态。打造内部生态的一个重要内容就是避免内部竞争。阿里巴巴成功地打造了强大的商业生态圈，一个重要原因就是构筑了良好的内部生态，这不仅表现在阿里巴巴各个事业部之间紧密协同和合作，关键是构建了以平台为核心的各业务板块高度协同新生态。

阿里生态系统的成长逻辑

生态系统是企业竞争的最高境界，既然生态系统如此诱人，为什么有的企业生态系统取得成功，而又有不少企业却落得十分难堪的局面，导致生态战略的失败。让我们了解和把握生态系统的成长逻辑，对如何打造生态系统有一个初步认识。

让我们看一看阿里的案例。目前阿里巴巴已经成功地构建起了一个电子商务生态系统：电子商务、互联网金融和智能物流形成了业务铁三角，三大业务板块互相支撑，形成了一个支柱型平台；中间则用大数据、云计算和人工智能把三块业务串起来；外围则拓展出阿里健康、阿里影业、阿里文化娱乐和银泰商业等业务。

阿里生态的成长逻辑是：1999 年成立的阿里巴巴 B2B 网站是出发点，然后催生出 2003 年的淘宝网；次年，淘宝网又催生支付宝，然后是 2013 年菜鸟物流成立，电子商务生态的铁三角业务板块最终形成。

业务是平台的支撑，无论是硬件产品还是服务，它聚集了用户，用户产生数据，数据的集中可以成就平台。我们再看一看阿里电商平台的形成过程：2005 年，淘宝成为中国 C2C 市场的老大，市场份额、商品量、浏览量和成交额等四个关键平台指标全面超过竞争对手，市场份额达到 67.3%，但由于一直未赢利，资金成为最大困扰。马云自己也承认，没有能赚钱的 B2B，就没有淘宝。没有杨致远 2005 年 10 亿美元的投资，淘宝也不可能一直烧钱并坚持到 2009 年才实现赢利。

对于后来的阿里生态而言，这一切只是序幕和基础，阿里生态战略起始于

2011 年，标志是淘宝宣布实施开放平台。2011 年 2 月，阿里巴巴向独立软件开发商开放平台，然后向一定数量的电商企业进行开放，与他们共享数据，用免费政策击败 eBay，阿里生态由此开始快速扩张。

纵观阿里生态的成长过程，从产品（或服务）到平台，从平台再到生态，再到生态型企业，这是一条环环相扣的战略成长逻辑：产品成就数据，数据成就平台，平台成就生态，生态成就生态型企业。生态形成的基础是阿里巴巴可以通过开放数据和技术向平台成员“赋能”。此后，阿里巴巴又面向未来物联网带来的垂直行业的机会，开展大量的投资和收购，强化阿里生态在战略相关的垂直行业的“使能”能力。

需要注意的是，作为中国最早实践生态战略的企业家，马云在 2012 年曾说：“生态系统可能不是我们马上追求的目标，如果我们过度走火入魔地去思考，去追求，也许问题会更大。”2014 年 9 月 19 日，阿里巴巴在美国纽约交易所上市，融资 250 亿美元，外界一直关注阿里巴巴会用这些资金干什么，马云给出了答案：“未来十年阿里巴巴要打造一个真正了不起的生态系统”。

不仅仅是阿里巴巴，仔细探究腾讯、百度、苹果和谷歌等生态型企业，它们的成长逻辑基本符合阿里生态的路径：从用户体验超强的产品或服务起步，面向市场搭建平台商业模式，然后开放数据，有效开展投资并购，逐步构建起各自的生态系统，进而打造生态型企业。生态的形成扎根于用户、“自下而上”的成长过程，技术与数据是两种关键的能量。当平台规模做大、具有较高的影响力，并有了充足的利润来源之后，便有条件向外部赋能和使能，从而实现生态战略。

第三章

生态基石：生态战略的基础

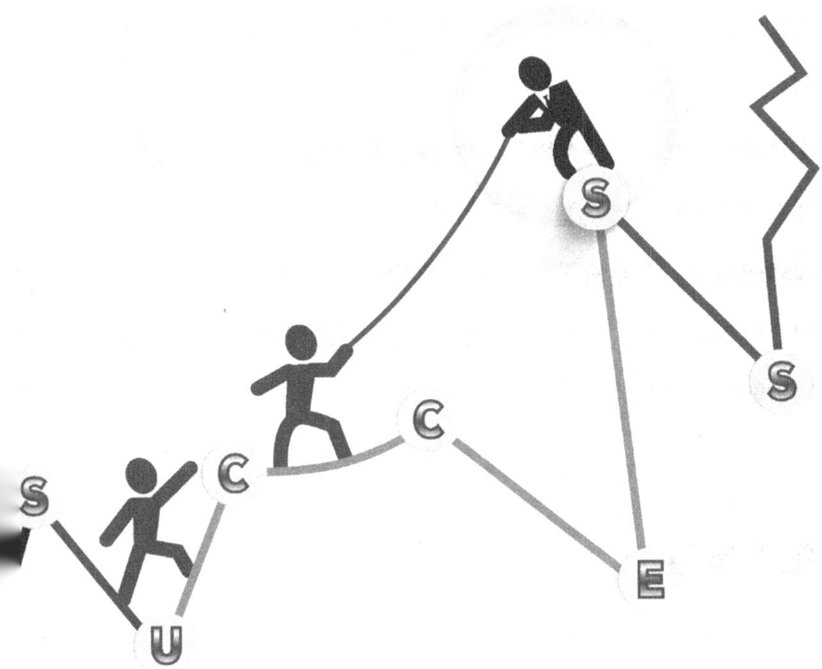

过去二十多年里，企业遭遇了两次大潮：第一次是20世纪末兴起的互联网大潮；第二次是以移动互联网、物联网、人工智能为代表的数字时代大潮。面对智能互联时代的机遇和挑战，企业只有紧紧抓住机遇，积极拥抱变化，坚持开放合作，实施生态战略，才能更好地适应市场环境的变化。

苹果、Google、Facebook、阿里巴巴、腾讯、海尔等公司的成功在于打造强大的生态系统，这些企业实施生态战略的成功无不是因为拥有强大的生态基石，而且牢牢占据生态体系中的基石位置，占据着各自商业生态体系的中心，为创新提供了基础。

一个人要想取得成功，勤奋努力、具有非凡的能力是基石；一个人健康的基石就是适量运动、合理饮食、心理健康；一个企业要能持续经营，基业长青，创新是企业永葆青春的基石；一个国家要长治久安，综合国力的提升是国家立足世界之林的基石。

俗话说，万丈高楼靠地基。一座大楼是否牢固坚韧，地基是关键。只有地基坚不可摧，高楼大厦才会经得起风雨，牢不可破。

如今，生态战略成为众多企业角逐市场的有力武器。如何使生态系统建设得更稳固、更强大、更有竞争力，本章从生态基石的角度进行分析，进一步论证打造生态基石的重要性和紧迫性。

什么是生态基石

基石，在汉语词典中解释为做建筑物基础的石头，比喻基础或中坚力量。著名作家巴金在一篇名为《生》的散文中写到：“这座塔到现在还只有那么几块零落的基石。”邹韬奋在《抗战以来》中也说过：“这无数的中华民族的优秀儿女，奠定了中国独立自由的基石。”可见，基石是万物之源，是根基和基础所在。腾讯能取得今天的成就，离不开 QQ 和微信，QQ 和微信无疑就是腾讯的生态基石。那什么是生态基石呢？

所谓生态基石就是生态系统成长的土壤。一个企业要打造强大的生态系统，往往要先从打造生态基石着手，并在生态基石做优、做强、做大的基础上，逐步向产业链上下游延伸，从而逐步打造基于生态基石的生态系统。可以说，要想打造强有力的生态系统，没有生态基石是不现实的，也是不可持续的。

阿里巴巴基于强大的电商平台，打造了强大的电商帝国，并逐步向金融、娱乐、智慧家庭等领域拓展，构筑起强大的生态版图。

腾讯的生态系统是基于其 QQ 和微信规模庞大的用户群，QQ 和微信是腾讯成功的基石。截至 2017 年年底，腾讯 QQ 月活跃账户数达到 7.83 亿，微信的月活跃账户数达到 9.89 亿。

苹果公司生态模式的成功，关键在于打造了全新的 iPod、iTunes、iPhone 和 iPad 等革命性产品，形成了从硬件到软件、从设计到制作、从运营到价值链创新的核心竞争力。

360 积极布局和打造软硬一体化生态系统，最为关键的是为用户永久提供免费安全卫士，通过免费占领用户终端市场，通过平台开放广聚合作伙伴，从而为打造生态系统奠定坚实的基础。

我在写这本书的过程中，与一位开美容店的王总交流，她说现在美容需求旺盛，美容店的生意也不错，她也有雄心壮志，就是要打造属于自己的有影响力的美容品牌，但在实际中仍然碰到招人难、合作议价能力低等困难，她问我怎样才能改变现状？如何做大规模？我给她的答案就是，当前最为重要的是做好产品和服务，真正让客户满意。美容产品和服务就是打造未来美容生态的基石，只有产品和服务做好了，才能吸引用户，才能做大规模，才能提升美容店的生态聚合力。

通过上面分析可以看出，生态基石从形态上可以是入口、平台、产品，甚至是企业核心竞争力，等等。

建立和拥有生态基石的企业，一般都占据着具有广泛联系的生态体系中心的位置，生态基石通常为生态成员提供一个稳定的、赖以生存的平台，也确保了自身的生存与发展。同时，生态基石为更多的创新提供了基础，它们调整生态体系成员之间的各种联系，提高了整个生态体系的多样性和生产效率。总之，拥有生态基石的企业才能打造出经得起风雨的生态系统。

成为生态基石的四大条件

互联网尤其是移动互联网的迅猛发展为打造生态系统创造了无限可能，通过互联网对接企业内外部资源，打通产业链环节，实现线上线下融合，汇集海量客户资源，将产业链条无限放大，有利于形成一个完整的生态闭环。

生态基石必将在生态系统建设中发挥基础性作用，它的重要性日益被广大企业经营者所重视。有些企业的生态系统之所以成功，就是从生态基石入手的，逐步拓展，逐步向产业上下游延伸，从而构筑生态帝国。要成为生态基石必须满足以下四大条件。

第一个条件就是作为基石的产品必须是人们刚性的、高频的需求，具有高用户黏性特征。在人们日常生活中，刚性、高频次需求表现在人们衣、食、住、行、用等方面，如吃住是刚性需求，打车、购物、上网则是高频次需求；刚性、高频需求可以说是人们的基本需求，价格弹性比较小，而且具有高用户黏性，这是做大基石产品的关键，也是判断是否是基石产品的必要条件。为什么外卖这么火，因为可以满足“懒人”的需求，而且是刚性、高频次需求，因而涌现出像美团、饿了么这样的行业领先者。

现在上网是人们普遍消费行为，离开互联网的生活无法想象。CNNIC 2018年第41次《中国互联网络发展状况统计报告》显示，2017年，中国网民的人均每周上网时长达到27小时，相比2016年提高0.6个小时。由此计算中国人均每天上网时间达到3.86小时。人们上网首先有安全需求，所以360安全卫士、腾讯安全管家占领了用户终端，几乎是每一台电脑都要安装的。360免费为用户提供互联网安全和移动安全产品，截至2017年底，360 PC安全产品的市场占有率为95.66%，平均月活跃用户数达5.15亿，移动安全产品的平均月活跃用户数达3.5亿。腾讯、360构筑了QQ和微信、360安全卫士这样强大的基石产品，从而为腾讯、360在做大平台、拓宽业务领域方面提供了坚强的后盾。高用户黏性依靠的是为用户创造价值，依靠的是基于生态基石所构筑的庞大而又丰富的生态体系，从而牢牢地黏着用户。黏着用户意味着生态基石能够做大规模，就能在市场竞争中处于领先地位。微信就是很好地把握人们交友娱乐需求，以良好的用户体验牢牢占领用户的时间。如今，平均每位用户每天使用微信时长超过3个小时。

平台化是基石产品要具备的第二个条件。产品、平台、生态是基石产品的演进路线。产品就是立足用户的基本需求，从刚性、高频次、高黏性出发，通过模式创新，如免费模式，做精产品，从而吸引大量用户和流量。规模和流量就是企业的最大资产，并为生态各成员赋能，生态大厦也就岿然而立。

阿里巴巴电子商务平台就是阿里生态体系的基石。阿里巴巴自身不生产产品，只是为买家、卖家搭建一个平台，通过制定平台规则，吸引大量买家和卖家，通过双边市场的聚合和带动作用，从而使阿里巴巴电子商务平台越做越大。

如今阿里平台消费者达到5亿人，天猫、淘宝已经融入人们日常生活之中。

生态基石成为平台化基石，一方面可以提高用户的转换成本，这里的转换成本不仅仅包括平台自身提供的核心功能，如360的安全卫士，更多的是用户可以在基石平台开放的体系中享受到更多的服务，如游戏、视频服务等；另一方面平台化具有聚合能力，有利于打造平台生态，从而使生态体系建设基础稳固。

第三个条件就是生态基石在整个生态系统结构中发挥的辐射作用越来越强。生态系统结构是指生态系统各种成分在空间上和时间上相对有序的稳定状态。生态系统结构主要包括合作伙伴、基石产品和各业务板块，如图3–1所示。

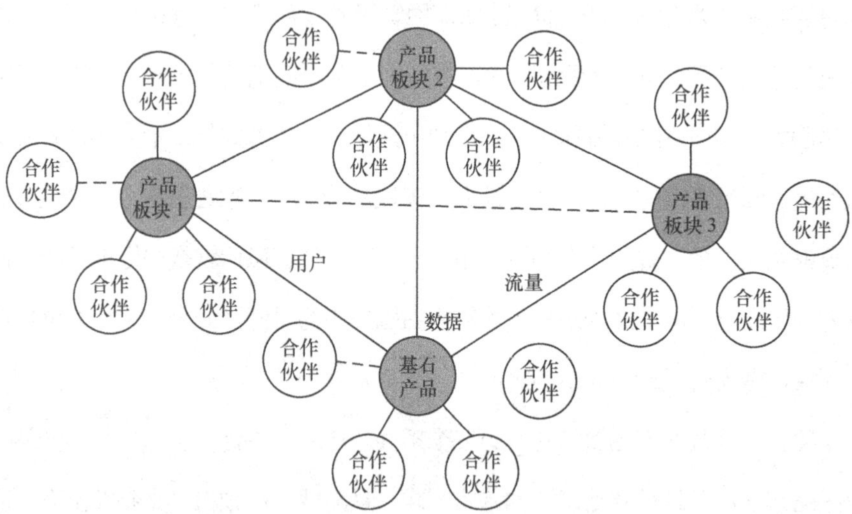

图3-1　基于生态基石的生态系统结构模式

基石产品要发挥好基石的作用，必将对其他业务板块产生紧耦合，这种紧耦合的关联一般是通过流量、大数据、用户为其他业务板块导流，促进其他板块业务更好地发展。大数据实现各业务板块的信息共享，进行数据挖掘，更好地服务各板块的业务发展、模式创新、产品创新、客户体验创新。同时，发挥合作伙伴协同作用，如公司与外部合作伙伴合作，可能实现这几大业务板块的全面合作，从而发挥合作伙伴对公司整体业务的协同作用。

例如，奇虎 360 产品从大类来看，主要分为三大块，如图 3-2 所示。第一是核心基石产品，即安全产品，主要包括 PC 和手机的安全产品；第二是广告及互联网内容服务，主要产品有互联网广告、搜索、互联网金融、游戏、直播、视频等；第三是 IoT 产品及服务，主要包括智能家居、360 手机、智能穿戴设备等。

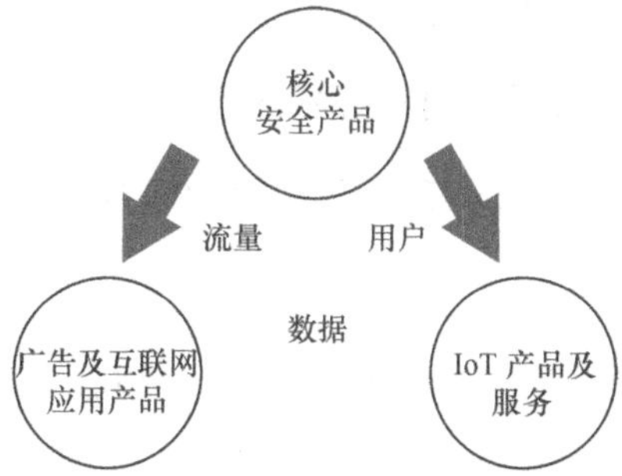

图 3-2　360 产品体系结构模式

360 核心基石安全产品通过流量、数据和用户为广告及互联网应用服务、IoT 产品及服务提供强大支撑，从而使 360 积极向产业链上下游延伸。如今 360 除了具有核心安全产品外，还大力拓展互联网应用服务以及智能硬件等领域，它们共同构成 360 的生态体系。360 核心安全产品免费，收入主要来自互联网广告、互联网内容服务以及智能硬件。2017 年 360 广告、互联网内容服务以及智能硬件的业务收入分别达到 91.15 亿元、16.98 亿元和 10.99 亿元，占总收入的比例分别达到 74.5%、13.9% 和 9%。

所以说，判断是不是基石产品，关键还是要看基石产品对生态体系其他业务板块能否发挥辐射和带动作用，能否形成相互作用、共同发展的内部生态。这种辐射能力越强，生态体系越牢靠，反之则生态体系越脆弱，迟早会因资金链断裂而被竞争对手击垮。

第四个条件就是生态基石一定是企业核心竞争力。美国经济学家普拉哈拉德和哈默于1993年在《哈佛商业评论》首次提出核心竞争力概念。企业核心竞争力是企业能够长期获得竞争优势的能力，是企业所特有的、能够经得起市场考验的、具有延展性，并且是竞争对手难以模仿的技术或能力。

为什么产业链上下游企业与你合作？为什么你汇聚社会资源能力越来越强？为什么你能打造强大的生态系统？关键就是企业拥有独特的核心竞争力，或者在产业链某一环节具有无法替代的竞争优势，如英特尔、耐克、微软等，这是汇聚产业链资源、打造良好的生态系统的根本保障。当今世界，光牢牢占据产业链某一核心环节还不够，最为重要的是基于此做好生态圈的经营。

波音公司是世界顶级的民用飞机制造商。飞机制造涉及研发、设计、零部件、分系统的研制、组装、测试和营销等环节。进入21世纪，生产组织模式有了更进一步的发展，波音公司为适应全球化、网络化的发展趋势，越来越多地将业务工作进行外包，实行全球供应链的模式，波音全球供应商达到13000多家。波音的全球供应链模式将设计和开发成本与全球合作伙伴分摊，与供应商建立了全球性的协作体系，充分利用全球资源，加快了市场反应速度，推动了波音飞机在全球的销售，提高了目标市场占有率。波音采用的全球供应链战略有助于自己集中精力搞设计研发、总装、供应链管理、营销和品牌这些核心业务；还有助于缩短飞机的开发周期，降低公司的供应成本，减少自身投资和削减成本，分散研制风险，提高生产效率，以满足全球客户的需求。

大疆创新是一家专注于无人机的科技公司，也是一家估值超过100亿美元的独角兽企业，占全球无人机市场份额超过70%。大疆创新之所以取得今天的辉煌业绩，关键是其在无人机市场拥有强大的科技创新能力和自主研发实力。2014—2017年，大疆创新的专利申请数一直位居行业首位，2017年专利申请数达到916项。大疆创新正是依靠其强大的创新能力，打造具有竞争力的无人机产品。很显然，技术创新能力是大疆创新的核心竞争力，也是其生态战略的强大基石。在做优、做强、做大无人机产品后，大疆创新积极布局无人机生态圈，与风投合作成立SKY FUND，重点投资在机器人硬件与软件、计算机视觉与导航、多媒体工具与社区等领域处于领先地位的新创公司。同时，打造DJI+Discover航拍互助平台，自主构建起行业生态圈，开拓出一种全新的商业模式。这些战略布局必将带动整个无人机行业的蓬勃发展。

核心竞争力是企业立足市场的重要保证，也是聚集合作伙伴、打造产业生态圈的关键。基于核心竞争力的产业生态圈模式是当今企业转型的必然选择，也是企业获得传统市场竞争难以获取的竞争优势。

连接是电信运营商的生态基石吗

电信业是国家基础性、战略性、先导性的产业。我国三大运营商是国家信息基础设施的建设者和主导者。近几年来，随着我国经济持续健康的发展和数字中国的大力推进，我国电信业深入贯彻落实党中央、国务院决策部署，积极推进网络强国战略，加强信息网络建设，深入落实提速降费，加快发展移动互联网、IPTV、物联网等新型业务，着力提升网络品质，加快光纤网络建设，完善4G网络覆盖，积极开展5G技术研发和试验。我国信息基础设施建设取得巨大成就，为服务国民经济和社会发展以及满足人们不断增长的美好生活需要提供了有力支撑。截至2017年年底，我国移动电话用户数达到14.2亿，其中3G和4G用户总数达到11.3亿，占移动电话用户总数的比例为79.8%，4G用户总数达到9.97亿户；移动上网流量增长迅猛，2017年月户均移动互联网接入流量达到1775MB/月/户，较上年增长1.3倍；宽带接入用户达到3.49亿，其中100Mbit/s及以上接入速率宽带接入用户总数达到1.35亿户，占总用户数的38.9%；大力推进NB-IoT网络建设，2017年我国NB-IoT基站规模超过40万，物联网连接数达到2.28亿，物联网在交通、物流、水务、电网、安防、智能家居等众多领域得到大规模应用，推动万物互联落地。

在移动互联网、物联网、大数据、云计算、人工智能等迅猛发展的今天，连接已成为一种常态。很显然，在互联网产业链微笑曲线中，电信运营商最大的优势就是连接，拥有无可替代的网络优势。正因为如此，近年来，中国移动以实施“大连接”战略为主线，面向数字化服务广阔空间，加快推进“大市场”向纵深拓展延伸；紧跟信息技术潮流，加快推进“大网络”向持续领先演进；聚焦战略实施需要，加快推进“大能力”向全面匹配升级；凝聚转型发展合力，加快推进“大协同”向效能提升迈进。

同时，我们回顾近几年运营商的业务发展发现，实施生态战略是运营商加快业务转型的重要选择。为顺应智能化这一时代潮流和产业发展方向，中国电信提出向综合智能服务运营商转型的3.0战略，着重推进网络智能化、业务生态化、运营智慧化。如今，中国电信以业务生态化为牵引，重点推进智能连接、智慧家庭、互联网金融、新兴ICT、物联网五大业务生态圈建设（见图3 3），助力网络强国和企业转型。由图3-3可以看出，连接（光宽+4G/5G）在最底部，也就意味着它是中国电信生态树之根，是中国电信的生态基石。智能连接被普遍认为是电信运营商的生态基石，事实是不是这样呢？弄清楚这一问题十分重要，这对运营商在新形势下更好地实施生态战略具有重要意义。

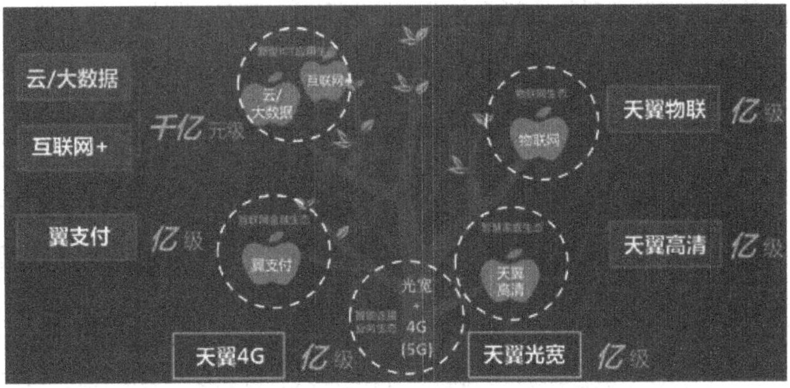

图 3-3　中国电信五大业务生态圈结构

很显然，连接是电信运营商赖以生存和发展的基础，也是运营商在互联网经济大潮中的核心优势，而且用户规模很大。2017 年，中国移动 4G 用户达到 6.50 亿户，宽带接入用户达到 1.13 亿户，物联网连接数达到 1.5 亿；中国电信 4G 用户达到 1.82 亿户，宽带接入用户达到 1.34 亿户，物联网连接数达到 2800 万；中国联通 4G 用户达到 1.75 亿户，宽带接入用户达到 7654 万户，物联网连接数达到 5000 万。

如果网络和用户规模是电信运营商打造强大生态圈的生态基石，那么基于生态基石发展的新兴业务一定能呈现较好的发展势头，但实际情况如何呢？

在电信运营商取得大规模用户的同时，用户不统一性给运营商带来的新困惑与日俱增。何谓用户不统一性呢？简单来说就是，用户使用的管道是电信运营商提供的，用户使用的很多应用服务则不是电信运营商提供的，这意味着基础业务并没有对其他板块的业务发展起到辐射和带动作用。

我们知道，应用服务是一个巨大的“蓝海”，用户不统一性的加剧必将导致电信运营商在未来越来越被“边缘化”和“管道化”，甚至影响电信运营商的长远发展。导致用户不统一性的根本原因主要有以下三点：第一，人们普遍认为电信运营商在产业链中的管道化是必然趋势，而且管道做好了就足够了，客观上也导致运营商对加快新业务发展认识不足；第二，虽然电信运营商推出众多新业务，但很多新业务都是模仿跟进，缺乏创新性和差异化，真正受到市场欢迎的新产品并不多，而且与业界领先的企业相比差距甚远；第三，在新业务运营上缺乏经验，包括在用户需求洞察、用户体验、合作运营及商业模式创新等方面做得不够，从而导致新业务发展不甚理想，用户使用率低，品牌认知度低。

用户不统一性最直接的表现就是，其他新兴业务发展与智能连接关联度低或者说具有相互独立性，而且内部数据协同共享不够，这是决定连接业务并不是运营商生态基石的关键，也就是说基础业务没有成为基石业务。例如，连接类业务与移动视频业务除了电信运营商自身可以提供连接以外，连接型业务并没有为视频业务导流，视频业务发展的关键在于视频经营主体如何经营，它们往往受传统体制的影响，视频等互联网应用发展难有起色。也就是说，对于电信运营商来说，网络优势和用户规模优势在打造平台或拓展应用市场时可能就不是优势。

还有更重要的一点是，作为生态基石的生态一定是平台型生态。生态基石本身也是一个平台，只有平台才能为其上的业务发展提供成长的土壤。然而，运营商基于网络优势发展的基础电信业务本身并不是一个平台，只是产业链上的一个重要环节，是一个通道。

当今企业之间的竞争，已演变成生态系统之间的竞争。对于电信运营商来说，当前最为突出的问题就是对生态基石缺乏统一的认识，或者说，缺乏适应智能互联时代的、具有基础性的新型平台基石。还有一点就是没有形成良好的内部生态，企业各部门之间的相互支持、相互协同不够有力；各业务之间、各子生态之间相对独立，数据没有共享，没有形成协同效应和相互促进的有机体，这就是运营商难以与阿里巴巴、腾讯打造的强大而又相互协同的生态圈相抗衡的主要原因。

拥有生态基石的企业通常提供了一个稳定的、具有可预见性的、生态体系成员赖以生存的平台。在新形势下，只有建立拥有新型生态基石的互联网平台，企业才有无限发展的空间。随着智能互联时代的到来，对于运营商来说，打造适应互联网经济发展的新型生态基石已刻不容缓。可以说，以网络作为运营商生态基石不具有长期有效性，其实网络和连接业务根本就不是运营商的生态基石。所以，从企业长远发展来看，电信运营商要打造强大的生态圈，就必须重塑新的优势，必须从入口、平台、应用中培育新型生态基石，努力打造建立在新的关键资源能力基础之上的差异化新优势，这是不以人的意志为转移的客观规律。

在新形势下，打造适应企业转型升级的新型生态基石关系到运营商的未来发展。在“互联网 +”时代和智能化时代，运营商打造新型生态基石重点要做好以下几方面工作。一是需要具有战略眼光和大格局的思想，提早布局，看准了就集中力量，直至成功；二是从平台、入口、应用等方面入手，打造新型生态基石，以提升用户体验、免费模式做大规模和流量为重点，从而培育新型生态基石；三是从目前运营商平台、入口及应用发展来看，移动支付、物联网平台、智慧家庭平台等有可能成为支撑运营商未来发展的生态基石，但发展仍面临挑战；四是打造新型生态基石要充分利用资本经营的手段，快速收购；五是大力推进基于 SDN、NFV、云网融合的网络变革，推进网络和业务的软件化、虚拟化、智能化，通过开放平台打通各业务生态，实现业务需求的随需调用，为打造一体化的运营商生态体系创造条件；六是提升平台运营能力，锻造适应智能互联时代的专业化的人才队伍，突破机制体制的瓶颈，创建互联网文化，不断激发广大员工的创新活力。

如何打造生态基石

我们知道，生态战略要取得成功，打造生态基石十分关键，它是生态大厦的根基，正所谓：地基不牢，地动山摇。当前，我国企业转型发展面临的内外部环境发生了深刻变化，面对新形势，如何才能打造强大的业务生态圈？我觉得，应从打造成功的生态基石入手，循序渐进，直至成功。打造生态基石重点应从以下几个方面考虑。

第一是就是从用户刚性、高频和痛点入手，打造入口级的产品。当然，人们生活中涉及的很多入口级应用基本被 BATJ 所把持，对于后来者，不是没有机会，而是要靠对市场的敏锐洞察。

打造生态基石型产品，核心是要从把握用户生活特征和用户的痛点入手，通过融入用户生活、互联网化等方式方法把握用户未被满足的且最为迫切的需求，这里统称为核心价值需求。用户核心价值需求一般来源于用户生活，来源于对用户的洞察，来源于对用户行为的观察，来源于对用户消费行为的分析。有时用户核心价值需求很容易把握，有时用户核心价值需求是隐形的、潜在的，需要通过深入挖掘，把握用户消费应用场景，要透过现象看本质。只要能准确把握用户核心价值需求，并切实解决用户痛点，那就离打造成功生态基石不远了。当然用户核心价值需求一定是刚性和高频次的，后进入企业或新创企业一定从满足用户垂直需求入手，这既避免与 BATJ 这样的大公司直接竞争，也不会跟随模仿 BATJ，这样往往更容易成功，而反之结果肯定是死路一条。

喜马拉雅 FM 如今是移动互联网听说市场的翘楚，为什么会如此成功，关键就在于喜马拉雅善于洞察用户需求。他们发现，在移动互联网时代，人们的碎片化时间越来越多，如人们上下班路上的一个小时就是碎片化时间，音频节目可以用来消除路途中的枯燥。音频作为伴随性媒体正在发挥巨大的作用，“听”会成为不亚于“看”的一大行业。喜马拉雅 FM 正是抓住了音频爆发的风口，基于场景思维为用户个性化提供音频内容。如今，喜马拉雅 FM 已成为国内发展最快、规模最大的在线移动音频分享平台，目前平台用户规模超过 3 亿人。

第二就是创新商业模式，以平台化经营做大规模。挖掘和发现用户核心价值需求是第一位。作为企业经营者，如何做大规模十分重要，这需要从商业模式上进行创新。360 安全卫士之所以在安全领域后来居上，是因为它面向用户率先实行免费模式，从而一举确定在互联网安全领域的领先地位，也为 360 后续平台拓展打下坚实的基础。

第三就是打造生态基石需要企业切实提升企业核心竞争力。就像一个人没有核心专长，要有更大的发展十分困难一样，一家企业如果没有核心竞争力，是不可能打造强大的生态圈的。不同的企业拥有不同的关键资源能力，企业拥有的关键资源能力是企业获取持续竞争优势的根本。提升核心竞争力关键在于对企业核心资源的获取和利用，充分挖掘现有资源的潜在价值，从而建立起竞争优势。腾讯拥有庞大的用户群和用户黏性是其最大的核心竞争力，凭借这一核心竞争力，腾讯进入增值业务领域所向披靡，令对手胆寒。

这里，特别强调一点就是打造核心竞争力，一定要重视技术创新，不断提升自主创新能力。“党的十八大”以来，中共中央总书记习近平在多个场合都曾强调过科技创新的重要性，多次提到要掌握核心技术，并指出核心技术受制于人是最大的隐患，而核心技术是要不来的，只有自力更生。核心技术也是企业掌控产业链话语权、汇聚产业链合作伙伴的重要力量。

概括地讲，企业核心竞争力一是超越竞争对手而难以模仿的能力；二是不管外界如何变化，企业始终能在市场竞争中生存的能力。这两种能力主要体现为企业的创新能力。目前，国内外大公司都成立技术研发中心，如华为成立诺亚方舟实验室，腾讯建有腾讯研究院、广州研发中心和无线互联网研发中心，海尔集团建立了超前性、整体性、国际性的技术创新体系，在家电和信息领域掌握多项核心技术，率先进入了家电网络化、智能化时代。这些大企业的成功实践充分说明，以技术创新为手段，依靠企业强大的核心竞争力是企业攻城略地、竞争制胜最重要的手段。

面临国内外市场环境的快速变化，打造核心竞争力是构建强大生态系统的基石，这一点不言而喻。正在转型的企业，一定要不忘初心，牢记使命，高度重视技术创新工作，努力打造适应企业持续发展的核心竞争力，否则必将为此付出高昂的代价。

第四章

创造价值：生态战略的核心

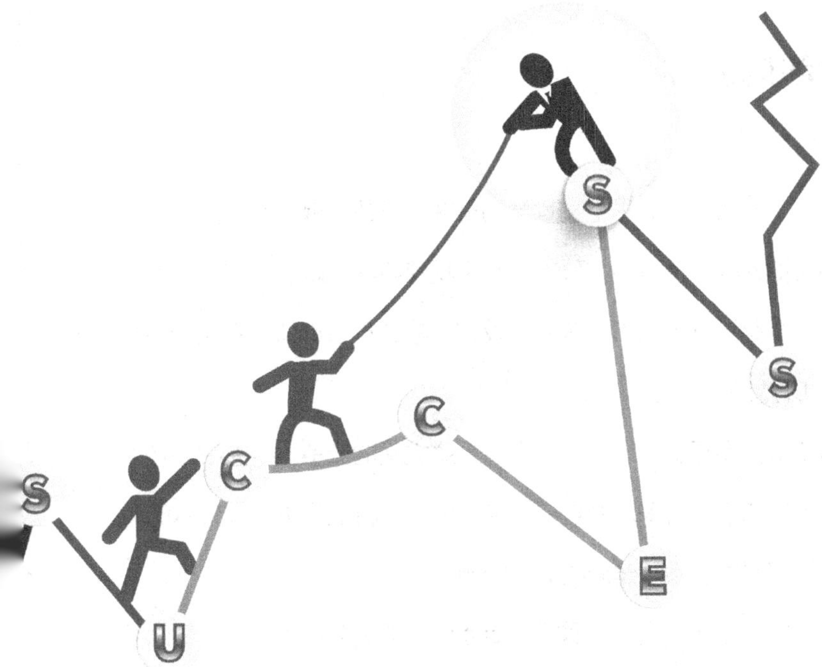

这是一个快速变化的时代，中国经济要转型升级，转型是企业必须选择而且是没有退路的选择。企业转型要取得成功，需要做很多事情，需要付出艰辛的努力，但首先企业转型的出发点要正确，就是说企业宗旨要正确、企业使命要崇高！

可以说，生态战略是实现企业成功转型的重要战略之一，生态战略要取得成功，同样必须要有正确的价值导向。价值导向是统领生态战略的核心。一家好的企业就应该为客户创造价值、为员工实现价值、为股东带来价值、为社会展现价值。所以说，对任何实施生态战略的企业来说，如何把握生态战略的核心关系生态战略的成败，我在这一章试图回答这一问题。

为客户创造价值

什么是“价值”？按照马克思主义哲学的解释，价值是凝结在商品中的无差别的人类劳动或抽象的人类劳动。价值只有实现惊险的一跃，才能最终实现商品的价值交换。企业只有为员工、客户、股东、社会创造价值，企业转型和发展以及所做的工作才有意义。

企业之间的竞争，实际上已经上升到生态系统之间的竞争。生态战略是如今众多企业提高市场竞争力所采取的重要战略，因此，打造生态系统就不能为打造而打造，必须把握生态系统建设的核心问题。

生态系统建设的核心是什么？只需要知道为什么那么多合作伙伴围绕你并与你合作，结果就不问自明。“天下攘攘，皆为利往”。那些合作的企业只有从合作中得到利益，它们才会与你合作，这是最简单的道理。而这些利益从何而来呢？答案就是生态系统建设的主体企业要能为客户提供好的产品，即为客户创造价值。为用户创造价值是公司最基本、最重要的经营价值观。生态系统建设唯有围绕为用户创造价值这一中心进行展开，才能回归生态系统建设的原点，才不会在生态建设中迷失方向，生态系统建设才会有灵魂，才能使生态系统建设更有竞争力，企业才能完成使命，成就伟业。

那什么是为用户创造价值？在回答为用户创造价值之前，让我们首先认识“用户”。沃尔马创始人山姆·沃尔顿有一段话对此做了很好的诠释：“我们的老板只有一个，那就是我们的顾客。是他付给我们每月的薪水，只有他有权解雇上至董事长的每一个人，道理很简单，只要他改变购物习惯，去其他商店买东西就是了。”

为用户创造价值就是用户从企业的产品和服务中得以满足自己的需求。这种满足程度越高，产品就越受用户欢迎，这也是企业经营追求的目标。可以说产品是打造生态系统的基础，为用户创造价值是生态系统建设的核心，而生态系统是打造好产品且有竞争力产品的最终目标。正如马云所说：“生态系统可能不是我们马上追求的目标，如果我们过度地去思考、去追求，也许问题会更大。”

产品也是我们为用户创造价值的基础。在我看来，90%的创新是对用户需求更好的满足，而不是创造发明。真正的好产品，是用户要买，而不是商家要卖。为用户创造价值，我们需要耐心，缺乏研究用户、打磨产品的耐心是做不好产品的，由此也就会缺乏整合产业链的能力。

苹果公司将LG液晶面板用于装配电脑；每年从三星购买庞大的记忆体，用于音乐播放器等产品；将生产外包给富士康等多家代工公司，AppStore各种应用来自于第三方开发者等。苹果公司正是通过整合产业链并构建了一个强大的生态系统，从而为用户提供超用户体验iPod、iPhone、iPad等产品而取得成功。如果苹果不能为用户提供好的产品，所有的合作都不会长久，更不用说去打造一个强大的生态系统了。

淘宝、天猫则是平台型产品，即电子商务平台。正因为淘宝、天猫为用户提供价格实惠、商品种类繁多、送货方便及时等周到的服务，平台的双边或多边市场效应使淘宝、天猫吸引了大量的卖家和买家，又不断提升用户的购物体验，才使阿里建立了强大的电子商务生态系统，如今阿里巴巴已成为全球最大的电子商务平台，2018 财年，阿里电商平台交易额达到 4.82 万亿元。

以消费需求驱动产品创新是推动生态系统建设的源动力。由于单个企业无法独立为消费者提供满意的产品，为满足消费者需求，企业必须与相关的企业更加紧密的合作。也就是说，消费者的需求推动了企业间的联合，并最终走向一个更高水平上的合作，即企业生态系统。例如，为了向消费者提供无缝的服务，亚马逊在它的网上书店集成了很多企业，比如 Yahoo！提供搜索引擎，Visa、MasterCard、AmEx 和其他信用卡机构提供支付服务，Ingrarm 提供仓储和物流服务等。

如果没有大众点评网，我们在一个不熟悉的地方，只能通过问朋友或者沿街寻找，才能找到好的餐馆，即使找到了想去的餐馆，也只有品尝过餐馆的食物才知道味道好不好。现在，大众点评能帮助用户随时随地找到周边的餐馆，能够方便地通过价格、环境、评论、距离等指标选择性订餐或下单，大众点评很好地满足用户方便找到餐馆这一核心需求，并与饿了么开展深度合作，通过平台开放汇集合作伙伴，坚持做到平台与消费者和商家三赢，如今大众点评已打造成为线上线下相结合的本地生活服务平台生态圈。

因此，为用户创造价值，要求企业从用户需求入手，坚持用户思维，奉行用户至上、以用户为中心的理念，从经营产品到经营用户，并切实落实到生态系统建设全过程中。用户需要什么，企业的焦点就在哪里；用户关心什么，企业就围绕用户关心的去努力。要想尽一切办法，利用新媒体拉近与用户的距离，甚至与用户保持零距离；要发挥大数据的威力，挖掘用户的潜在需求和消费行为特征，追求极致的用户体验，找到用户的“痛点”，并设法满足需求和创造需求。这样做，无非是为用户提供完美的用户体验，打造让用户尖叫的产品，用户真正成为企业运营管理、生态系统建设的核心。

在高度竞争的市场上，消费者的心就像是海水，企业产品就是浮在水面的航船。持续赢得消费者的信任，消费者就可以送你走向成功。任何“得罪”消费者的举动，都无异于拉低自身的实力与口碑，可能让企业“船毁人亡”，也就不可能打造良好的产业生态。上面介绍的苹果公司、阿里巴巴、大众点评就是通过创造和满足客户需求、打造杰出产品，从而为企业打造强大的生态系统的，这正是这些企业立足市场不败之地的根本原因。

打造生态系统是一个持续的过程，需要在满足客户需求、创造客户价值中不断完善、不断推进。举一个例子，2015 年 1 月 23 日，国家工商总局公布了 2014 年下半年网络交易商品定向监测结果，值得注意的是淘宝网正品率最低，仅为 37.25%。为此，马云喊出“阿里巴巴要打全中国假货，打假投入不封顶，打假进人无上限”的口号，成立打假团队和打假联盟（ACCA），旨在净化生态，更好地为客户提供值得信赖的服务。这就是生态系统自我完善、自我进化的过程，但其核心仍然是打造杰出产品，为用户创造价值，在实践中做到这一点，才能真正实现用户、商家、平台等多方共赢，才能真正构建一个强大的生态系统。

平台价值

长期以来，市场竞争主要是产品竞争，竞争往往是刀光剑影，甚至一些不良商家采取假冒伪劣等非法手段，出现劣币驱逐良币的不合理现象。可以看出，产品竞争十分激烈。然而到了今天，竞争模式已发生了很大变化，大家争的不再是产品，而是平台。

如今，随着我国社会信息化水平的不断提升、消费互联网快速发展和“互联网 +”行动的大力推进，我国平台经济得到快速发展，平台经济应用领域、范围不断扩展，涌现出淘宝、京东、支付宝等各类平台，很好地满足了社会多方面需求，也呈现出平台经济的巨大潜力。

平台经济已经成为当今经济社会中重要的商业形式，而平台经济的发展也将为产业升级带来新机遇。在互联网高度发达的今天，可以说“得平台者，得天下”。

打造有影响力的平台也是企业转型发展的一大目标，这与企业实施生态战略殊途同归。正所谓“平台即生态，生态即平台”。正如中欧国际工商学院战略学教授、《平台战略》作者陈威如所说的：“平台战略的核心是创造共赢生态圈。”

成为平台的好处显而易见，以平台为基础的生态型公司往往是游戏规则的制定者，处于产业价值链的最高端。现在各种行业论坛让人眼花缭乱，为什么有的论坛人气那么旺，赞助商那么多，门票更是一票难求，原因可能有很多，如参加论坛的有政府高官、企业大咖，论坛行业影响力高，论坛能抓住社会热点，能洞察行业最新趋势等。其实，像这样的论坛本质上就是一个平台，而且是一个有影响力的平台，是汇聚各方资源的平台，它能为参会各方带来利益，这就是平台的力量。

近年来，共享经济迅猛发展，2017 年，我国共享经济市场交易额达到 49205 亿元，较上年增长 47.2%。共享经济正以超乎人们想象的速度影响和改变着人们的生活方式、商业运作模式和组织管理模式，也为传统领域带来了巨大冲击和压力。房屋短租市场就是近年来十分火爆的共享模式的一个典型。其中，小猪短租是中国最大的分享住宿平台。下面就看看小猪短租的发展历程。

小猪短租创办于2012年，是为用户提供短租住宿服务的互联网平台，是中国房屋共享经济领域的代表企业。小猪短租选择用双边市场平台的模式去分享存量，如今，越来越多的房东加入了平台，成为分享家，也不断提升小猪的服务。截至2017年6月，小猪房源已遍布国内306个城市，房源数量超过20万套，每日在小猪平台发布的房源数超过1000套，相当于每天新建数个中型酒店，小猪管家的覆盖率超过了60%，智能门锁的覆盖率达到65%。如今，小猪短租已成为国内住宿体验最好、业务量最大、入住率最高的住宿分享平台。

其实，小猪短租不仅仅是一个平台，更是一个完整的生态圈，它将实现社会中各个环节闲置资源的分享与再利用。小猪短租用自己的独特的价值主张，为每一个愿意合作的房东、房客打造一个共享的平台。小猪短租作为一个共享平台为所有参与方创造收益，从而极大地方便了用户，用户也在服务中享受小猪短租的良好体验，促进小猪短租进入持续健康的发展轨道。

钱德勒说，“工业资本主义时代的源动力是规模经济和范围经济”。那么，现在互联网时代的源动力是什么？答案就是平台。平台的成功，意味着商业生态系统建设的成功。平台带来的商业革命正改写现在及未来的企业生存规则，这股浪潮已经从互联网行业蔓延到了其他很多企业。这是因为，一些传统行业价值链过长、协同性不高，行业过于强调标准化而难以满足个性化需求，专业化导致的各自为政等痛点，可以运用向平台转型缩短产业链，带来丰富性和多样性，进行跨界整合，借此达到“去中心化”“去中间化”“去边界化”。未来，企业面对不确定性，平台模式比传统线性模式拥有更强大的弹性和高度适应力。在商业理念方面，企业也会出现两极分化，一种是向着小而美的方向前行的专注公司；另一种就是会出现更多的生态圈的公司，因为商业社会市场竞争激烈，不抱团合作，可能一家大规模公司短期内也会被周围形成的生态圈所战胜。正因为如此，BAT在发展到一定规模后，不再大包大揽自己做，而是通过开放平台，加大收购、战略投资、联盟合作等方式，与其他公司合作联盟，以应对未来的不确定性。如果说过去十年是平台化战略在互联网行业的爆发期，那么未来十年将是平台战略在传统行业转型应用上的黄金时代，平台化转型帮助企业突破增长乏力的困局。

平台化组织借助“互联网 +”力量，实现平台对外开放和平台对接外部资源和引入。在这一层次上，企业搭建开放平台有两个选择方向：第一，对于具备突出竞争优势的企业，可以选择跨界型、外向型平台建设，将核心优势资源对等为平台价值，并设计市场机制将平台价值与外部共享，通过对外部企业开放平台实现资源的互换与合作，以更低的成本实现产业链的延伸和跨界合作。第二，对于具有一定竞争优势，但优势不明显的企业，可选择面向现有行业进行整合型平台的建设。在这种情况下，企业要明确平台建设的目标，以提升客户价值为中心，重点通过开放平台，汇聚产业链资源，做好平台与外部资源的协同，要拥有共同的价值理念，为用户提供差异化的具有吸引力的应用和服务，真正使平台和合作企业走在一起。要建设好平台，最为关键的是要设计好平台规则，加强平台运营管理，提升内外部资源的整合能力，不断释放组织的整体效率。

为社会创造价值

我国现阶段出现的企业失信、产品伪劣、网络诈骗、生态环境破坏、自然资源浪费等一系列问题，都反映了部分企业社会责任意识的缺乏。媒体报道中，我们经常看到一些企业为了自身利益破坏环境、欺诈消费者、制假售假、违规经营等。例如，2018 年 1 月，苏州知名培训机构，大门紧锁，工作人员一个都找不到了，苏州学员被骗 300 万元；近年来，随着互联网金融的兴起，一些

P2P 平台打着高收益的幌子，欺诈消费者，非法集资，卷款跑路事件频频发生，仅 2017 年 12 月 P2P 出现问题的平台数量达到 38 家，其中跑路 6 家、提现困难 11 家、经侦介入 1 家，停业 20 家……

在我国决胜全面建设小康社会、夺取新时代中国特色社会主义伟大胜利的征程中，那些不切实履行社会责任的企业必将无藏身之地，必将在市场竞争中淘汰出局。可以想象一家知名的电子商务平台，如果老是卖假货，损害消费者利益，这样的平台可能很快就会关门停业。

2006 年 12 月，迈克尔 · 波特教授在《哈佛商业评论》发表了一篇题为《战略与社会：竞争优势与企业社会责任的关系》的文章，在该文中，波特教授给出了企业承担社会责任的两大战略模型：价值链模型和钻石模型。波特教授用他犀利的战略思维重新诠释了企业社会责任，使社会责任与企业竞争优势紧紧地捆绑在一起，从而彻底打破了社会责任与股东利益之间的藩篱，并指出任何企业都应该高度重视企业社会责任的重要性。

企业是社会经济发展的细胞，在经济发展与社会进步中扮演着重要角色，承担更多的社会责任是社会与公众对企业的普遍期望，也是企业实现经济效益与社会效益相统一的客观要求。企业与社会是一个共存共荣、互惠互利的共同体。企业在遵守法律法规、体现企业价值的基础上，还应对社会承担相应的责任与义务。衡量一个企业的贡献度，除了利润、效益等经济指标外，社会责任也是需要纳入考量的重要标准。

社会是企业持续健康发展的沃土，任何企业都不能脱离社会的发展而独善其身。企业的社会责任，就是企业在创造利润、对股东和员工承担法律责任的同时，还要对消费者、社区和环境承担责任。例如，电信业是国家基础性、战略性、先导性产业，是国家的重要基础实施，电信运营商也是特大型国有企业，在满足利益相关者诉求时，“不忘初心，牢记使命”应该是电信运营商始终坚持的第一原则。这里的“不忘初心”指的是电信运营商承担的社会责任，“牢记使命”指的是加强网络建设，服务于国民经济发展，不断满足人们日益增长的美好生活需要。根本要求就是电信运营商应站在国家转型升级的战略高度，承担企业的政治责任、社会责任和经济责任。离开这一点，电信运营商的经营发展就会偏离正确的发展道路。

当前电信运营商应积极落实国家网络强国、数字中国和智慧社会的战略要求，以服务社会和经济发展信息化为核心，切实做好提速降费、加强网络建设，切实履行企业社会责任。当然，在国家利益、人民利益和企业利益发生矛盾的时候，毫无疑问，电信运营商应将国家利益和人民利益放在第一位，将企业社会责任融入企业战略体系之中，这才是企业经营的大格局。过分追求收入规模和市场份额则是企业认知停留在企业自身发展层面、应对竞争层面的表现，这不可避免地出现争夺用户战、价格战、不注重技术创新和研发创新、忽视客户需求等不合理现象，影响企业的持续发展和企业的社会形象。

生态战略是企业适应市场环境变化的战略选择。毫无疑问，企业在实施生态战略过程中，应该将企业社会责任融入生态战略体系之中，在履行社会责任的过程中提升企业生态竞争力和企业价值的。社会责任融入生态战略，最终目的是为社会创造价值，在为社会创造价值的过程中实现企业自身的价值，两者高度统一，相互促进。国内外众多成功企业的案例，进一步说明企业重视社会责任是生态战略成功的重要内容。基于生态战略的社会责任，主要体现在以下三个方面。

第一，基于生态战略为社会提供的产品和服务是符合社会责任要求的。任何企业开展战略投资、合作、收购，不是为生态而生态，更主要的是通过合作为广大用户提供有竞争力的产品。企业要履行社会责任，首先体现在提供的产品是满足客户需求的，是健康绿色的，是无毒无害无污染的，是遵守国家相关法律法规的，而不是假冒伪劣的。如电信运营商为广大用户提供4G流量产品，很好地满足用户随时随地上网需求。再比如，2017年，全国开展了“扫黄打非”专项行动，共取缔淫秽色情网站60000余个，有效净化了互联网文化环境。一家网站就是内容再丰富，合作伙伴再多，生态建得再好，靠非法提供色情淫秽内容经营，终究受到严厉的监管，企业也不可能有好的发展。所以基于生态战略首先就是在产品提供上体现社会责任感。

另外，企业生产的产品要根据不同地区、不同用户给出差异化策略，也是一种社会责任的体现。如在孟加拉国，尤努斯成立了格莱珉银行，专为穷人提供小额贷款，尤努斯因此获得2006年度诺贝尔和平奖。诺贝尔和平奖颁奖词是这样说的：“持久的和平，只有在大量人口找到摆脱贫困的方法后才成为可能，尤努斯创设的小额贷款正是这样的一种方法。”电信运营商的普遍服务也体现出这种社会责任，如对低收入群体、失业人员、残疾人、老年人等特殊群体给予优惠的电信服务。

第二，在企业内部生态建设中体现社会责任。内部生态包括两个方面：一是企业内部各业务板块之间形成相互协作、相互支持的业务体系；二是企业内部的价值创造活动所形成的结构。针对第一种内部生态，要体现社会责任，首先就是各业务要符合社会责任的要求，比如，正品、安全、绿色、健康等，以及各业务板块之间的合作讲究诚信，相互监督，资源共享。

针对第二种内部价值创造活动，波特教授把企业的价值活动分为两类：基本活动和辅助活动。基本活动包括内部后勤、生产经营、外部后勤、市场营销和售后服务；辅助活动包括采购、技术开发、人力资源管理和企业基础设施。

所有这些价值活动都与企业社会责任有关。例如，企业生产出来的产品要符合安全标准，使用的包装材料做到可循环再利用，或使用可再生资源；在生产经营过程中，要接受环境保护部门的监督，不能以破坏环境为代价，要节约原材料和节约用电；企业市场营销不要夸大宣传和欺诈消费者；产品和设备的采购，要选择有品牌、讲诚信、在社会有广泛影响力的供应商，要优先选择低能耗、少污染和尽量可回收的材料；在技术创新方面，比如，随着社会各界对环境保护的重视，对绿色低碳技术与产品的需求逐渐增大。企业通过技术创新研发出绿色低碳的新技术、新工艺、新产品，提供新的服务，达到了政府环保标准，既保护了自然环境，又满足了消费者的需求，扩大了销量，增加了利润，提高了对股东和投资者的回报。从企业内部价值活动来看，每一项活动都与社会责任有关，要求企业在内部价值创造过程中要切实履行社会责任。

第三，在企业与外部企业合作中体现社会责任。推进生态战略，战略投资、联盟合作、收购是重要手段，这就要求在企业与外部合作过程中要履行社会责任，而且是贯穿于合作全过程。

这主要表现在：在选择合作伙伴时，要制订严格的选定标准，对合作伙伴进行严格审查，确保合作伙伴符合社会责任的要求；通过成立战略联盟、战略合作等形式，实现重点技术和重点攻关，推进研发创新，满足社会需求，如环境污染治理就需要整合社会力量，进行技术创新，这也是一种体现社会责任的表现；在合作过程中，合作要讲究诚信，真诚合作，对合作过程中侵犯企业利益和消费者利益要坚决制止，终止合作，造成经济损失或重大负面影响的，要通过法律渠道予以解决等。

合作有助于打造强大的生态系统，有助于提升企业综合竞争力，合作全过程中都与社会责任有关，企业只有在合作过程中履行社会责任，才能真正打造强大的生态系统，也有助于提升企业形象声誉和品牌竞争力，促进商业上的成功。

社会责任，是企业自身发展的一条底线，也是一家企业从“大”到“伟大”的必经之路。企业要想在社会发展的浪潮中长久立足，就要时刻牢记责任意识，忠实履行社会责任。我们应更加重视这项工作，主动将履行社会责任的理念与行动引入行业及融入企业的使命和发展战略之中，制订规划并固化为制度和规范、细化履责的方式与措施，着力在政治责任、社会责任、环境责任、经济责任等方面积极作为，在实践中探索建立立体化的社会责任体系。有了这样的使命担当，才能在市场竞争中立足于不败之地。

可以说，社会责任对企业打造生态系统有着直接的影响，同时，也是企业实施生态战略追求的目标。这就要求企业在实施生态战略过程中，积极适应外部环境的变化，切实履行好社会责任，否则企业必将丧失竞争优势。

构建价值共同体

人类进入了合作共赢的时代，不管这个世界出现多少问题，但是走向人类命运共同体大趋势不可逆转。

大到全球，小至企业，我们同样要有"共同体"的思想。"共同体"由追求共同价值的人或组织构成。如今，我们处在一个开放合作的世界，任何企业发展都要开放合作，企业发展实现由价值链到生态系统的飞跃。无论是价值链还是生态系统，都是由各利益相关者组成的一个价值共同体。

价值链理论最早是由哈佛商学院迈克尔 · 波特教授 1985 年在《竞争优势》（*Competitive Advantage*）一书中提出的，至今已有 30 多年时间，虽然价值链管理使越来越多的企业开始重视战略价值、战略价值链和价值链活动的优化，但是很多企业管理者依然只关注企业自身的价值获取，并没有真正去创造整个价值链的价值。陈春花、赵海然所著的《争夺价值链》一书指出，企业管理者应关注整体价值链创造，而不是夺取价值链。即便在今天，仍有不少企业还未真正理解整体价值的意义，这导致很多行业处于过度竞争、产能过剩之中，"以我为中心”“做产业链主导者”“赢者通吃”的控制性市场战略还没有发生根本性改变。更令人遗憾的是，在价值链条中，用户一直处于冷却状态，用户作为企业价值创造者的角色始终没有确立起来，以用户为中心只是停留在口号上。

今天，封闭、自娱自乐的价值链管理越来越不适应开放、灵活的互联网世界。许多企业尤其是互联网公司正是因为打破价值链的封闭循环，构建开放的价值网络，从而实现短道超车，异军突起。奇虎 360 用永久的免费模式打败了各路收费杀毒软件；海尔通过实行“人单合一”“自主经营体”“倒金字塔”等管理创新，实现在家电领域的领先；阿里巴巴实施平台战略聚集买家、卖家、物流、金融机构等利益相关者，让平台参与各方共享价值，同时也做大了阿里巴巴电商平台；苏宁率先在国内传统零售企业中进行互联网转型，通过营销变革、渠道创新、线上线下同价、平台开放积极拥抱互联网，从“+ 互联网”到“互联网 +”，成功实现向互联网新零售的转型。

在企业商业模式演进中，从价值链到生态系统是企业适应市场环境变化、提升竞争力的必然趋势。生态系统的一个重要特征就是各利益相关者共同构成一个价值共同体。价值共同体主要包括企业自身、客户、合作伙伴、竞争对手等，它们目标一致，拥有共同的价值、共同的理念、共同的追求，从而聚焦在生态建设主体企业的周围，以为各利益相关者创造价值而形成相互协作、相互支持、相互促进的合作关系，从而使生态系统建设更加健康、更加稳固。

生态战略要取得成功就必须为各利益相关者创造价值。波音公司就是如此构建自己的价值共同体的，它实行全球供应链模式，在全球拥有 13000 多家供应商，它们相互协作、拥有共同的理念和诉求，从而共同构成波音的利益共同体，这是波音公司形成强大的生态系统的根本保证。苹果公司以追求极致的用户体验为目标，并以此为根本，毫不动摇。这也是苹果公司构建的包括供应商、客户、第三方开发者和苹果公司在内的价值共同体始终坚持的原则。打造价值共同体是生态战略的中心工作，如果各方理念不同、利益不一致、目标不统一，就无法携手合作，也无法打造牢不可破的生态圈。

打造价值共同体的核心是以价值替代竞争。对于这一点，我们从阿里巴巴生态模式可见一斑。阿里巴巴建立了一个提供共享价值的电子商务平台，在这个平台上，一端是中小商户，可以非常方便地开设自己的网店；另一端是客户，可以非常容易地获得商品。阿里巴巴所创立的“双十一”活动，更是缔造了一个商业神话，集合上千万供应商完成一个在人们看来根本不可能完成的价值创造。阿里巴巴在实行这个商业模式的时候，并没有考虑到怎样打败竞争对手，它的核心是如何让供应商、物流企业、中小商户、客户在阿里巴巴这个平台上共同成长，共同创造价值，这就是生态价值共同体的内在逻辑，是创造商业神话的根本原因。

其实，价值共同体是一个基于用户价值由各利益相关者形成的资源共享、价值共创、利益共享并拥有共同理念、共同目标、共同价值的高效协同的运营模式。对于实施生态战略的企业，要打造一个健康持续的价值共同体，关键要做到以下几点。

第一，要有构建战略共同体的战略思维。当今世界，企业靠一己之力难以立足市场，要超越新的市场竞争规则，要从以往产品竞争、价值链竞争向构建价值共同体、打造生态系统方向转变，突破企业边界，加强产业之间合作，联合一切可以联合的力量，创造市场，做大产业，实现共同成长。

第二，关注用户，更加突出用户在价值共同体的重要性。构建价值共同体，首先要把理解、创造用户价值置于价值共同体的核心，明确用户的价值主张，要将用户视为价值创造的参与者和使用者，价值共同体的整体推进要以提升用户价值和用户体验开展价值创造，这样才可以保证企业发展符合时代的变化。

第三，有效选择合适的合作伙伴。生态主体企业要以更好地服务用户、赋能合作企业为中心，根据企业生态战略的目标、核心价值诉求以及价值创造方式，立足自身能力和合作企业的价值，选择适合生态系统建设的合作者，同时，在开放的大环境下，做好合作伙伴的审查，确保合作朝着共创、共享、共赢的方向发展。

第四，构建价值共同体各成员相互协作、相互支持的治理体系。价值共同体成员之间除了需要明确的价值主张、成员之间的能力和合作外，成员之间搭建起合理的网络治理结构至关重要。各成员在共生互利的基础上，基于分工，按照价值创造的规则和机制，进行多边交流和合作推进，共同维护合作的稳定性、一致性和整体性，统一行动，共同治理，避免合作中出现的摩擦和冲突，实现共创价值和共生共融，共同塑造持续健康发展的生态系统。

领先的企业相信价值共同体的力量，它们愿意并准备为此付出必要的时间和精力。它们认为与价值共同体成员一起经营，是一种有效应对挑战和寻求突破性发展的解决之道。一家企业不可能为所有的人提供全部产品，但通过推进生态建设的价值共同体的构建，企业就能更接近这个目标，这令企业得以创造一个有利于用户的环境，并通过生态系统的建设，让产业或行业焕发新的生机与活力。

第五章

平台生态：生态战略的关键

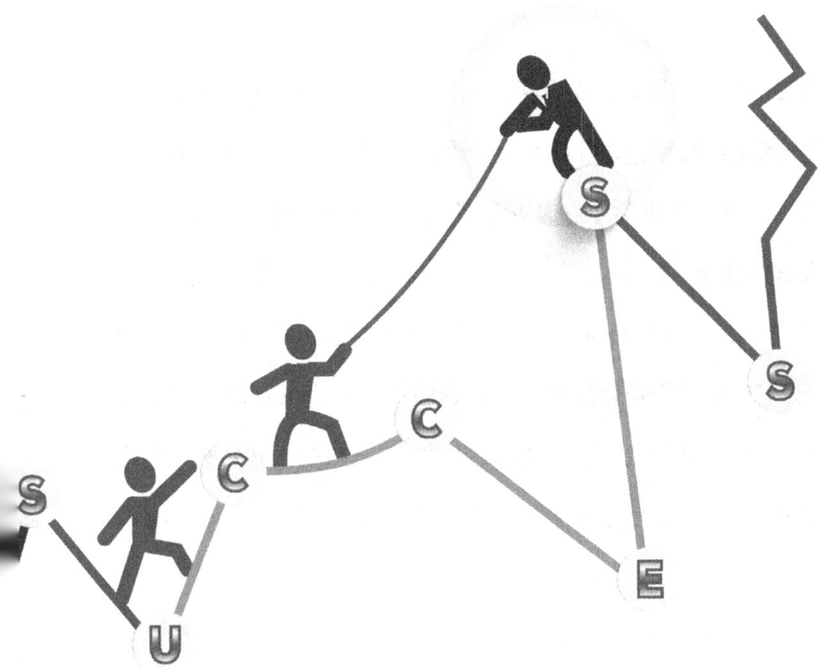

在传统的经济环境下，企业经营观念是如何打败竞争对手，这主要归因于将“规模经济”“经验曲线”“范围经济”“核心竞争力”“价值链”“一体化战略”等传统理论奉为金科玉律，企业经营也将重点放在降低成本、提质增效、做大规模、提升竞争力上，这些理论本质上是以企业自我为中心，对环境的变化缺乏灵活性和适应性。近几年来，面对越来越开放的市场环境，移动互联网、物联网、大数据、人工智能的快速发展，新技术、新应用、新模式层出不穷，产业边界逐渐模糊，跨界合作与价值共创成为潮流，人们越来越意识到，企业经营仅仅依靠传统理论指导已经不行了，企业要想在新的商业环境下有所作为，就必须把握当下互联网经济时代的新特征、新技术、新趋势，要善于连接外部资源，积极推进生态系统建设，打造新的生态优势。

阿里研究院于 2018 年 1 月发布了《数字经济 2.0——告别公司，拥抱平台》的研究报告，报告指出：数字经济 1.0 时代，跨国公司借助 IT 走上了巅峰；数字经济 2.0 时代，基于 DT 诞生了一块全新的大陆——平台经济体。未来，平台化是企业发展的重要方向。

面对智能互联时代，平台化是当今世界发展的重要特征。平台带来的商业革命已经改写了现在及未来的企业生存规则，这股浪潮已经从互联网行业蔓延到了其他很多行业。阿里巴巴、海尔、蚂蚁金服、小米科技、陆金所、猪八戒网、小猪短租等中国企业正是运用了平台模式，打造生态圈，取得了巨大成功。

在互联网时代，平台生态是生态战略最为重要的应用。那么，什么是平台生态？平台生态与平台模式有什么关系？对于平台型企业，我们应该如何构建自己的平台生态圈……本章将进行探讨。

从平台模式到平台生态

如今，中国企业的“低成本时代”已经彻底终结，正面临劳动力成本上升、同质化竞争、资金紧张、库存压力大、品牌影响力低等问题。其实，这些问题归根结底就是商业模式上出了问题。中国企业将何去何从？面对智能互联时代的到来，打造平台型商业模式是众多企业迅速扩张市场、摆脱价格战等低层次竞争的有效手段。

信息技术、互联网尤其是移动互联网的快速发展以及智能时代的到来，为平台经济发展注入强大动力。如今，平台经济正成为人们交往、生活方式、社会经济发展和企业创新发展的重要推动力，受到越来越多企业的追捧。现在的平台经济更多的是区分线上和线下的一种商业运营模式，比如对于普通商户而言，原来卖大闸蟹只能起早去菜市场，而现在各类生鲜电商都会给商户提供平台，供他们出售大闸蟹；以前想买理财产品，人们大都是去银行排队，或者是基金经理电话销售，而现在各个互联网金融平台的出现，让客户轻松地在网上购买理财产品。

近几年来，平台模式发展迅猛，从门户网站、网络游戏、电子商务网站到社交网络、第三方支付、网络视频、互联网金融，再到创业孵化器、各种交易市场，涌现出阿里巴巴、腾讯、百度、苹果等众多成功的平台型企业，也涌现出平安好医生、美团、饿了么、拼多多、3W 咖啡以及海尔创客等创新型平台。

如今，越来越多的传统企业运用平台思维来创造新价值，积极向平台转型，从而颠覆自身行业的固有做法，实现了企业的跨越式发展。如在家政行业，无忧保姆等公司让雇主在平台可以直接浏览家政服务人员的信息并对接沟通，给予雇主更多选择和自由，改变了家政链条上的利益分配；在家电制造行业，海尔用平台思维调整现有的组织结构，从以往庞大的事业部模式转为更注重小团队价值的“小微平台模式”；在汽车制造业，上汽集团感受到汽车后市场等诸多互联网创新的威胁，从制造厂商向平台转型建立了车享网，让更多的上下游合作伙伴共同服务终端消费者。

所谓平台就是为合作参与者及客户提供一个合作和交易的软硬件相结合的场所或环境。平台模式是一种虚拟或真实的交易场所，平台本身不生产产品，但可以促成双方或多方供求之间的交易，收取恰当的费用或赚取差价而获得收益的一种商业模式。为什么平台模式受到追捧？为什么平台模式的威力如此巨大？关键在于平台是双边市场或多边市场。

在多边或者双边平台商业模式中，有一个中心企业，即平台主，一边是大量卖方，一边是大量买方，还有其他与平台合作的企业。平台经济通过双边市场效应和平台的集群效应，形成符合定位的平台分工。在这个平台上有众多的参与者，有着明确的分工，它们都可以做出自己的贡献，每个平台都有自己的定位，都有一个平台运营商，它负责聚集社会资源和合作伙伴，为客户提供好的产品，平台是通过网络的外部性提升平台价值和平台的聚合力，从而扩大用户规模，使参与方受益，达到平台价值、客户价值和服务价值最大化。同时，在网络外部性下，平台型企业往往出现规模收益递增现象，强者可以掌控全局，赢者通吃，而弱者只能瓜分残羹，或在平台竞争中被淘汰出局。如摩拜单车通过 App 一边连接广大消费者，另一边连接自行车生产企业、物联网公司等，采用共享模式，如今成为较大的共享单车出行平台，有效缓解城市交通的拥堵状况。

图 5-1 是多边市场的平台模式。从平台连接的合作伙伴来看，多边市场的平台包括各类合作企业以及客户，它们与平台企业（平台主）共同构成平台

的价值共同体。关于如何打造价值共同体，在第四章有详细论述。可以说，平台生态系统是由平台利益相关者及相关事物共同构成的整体，其发展的好坏决定了平台模式的成败。平台模式最大的特征就是利用互联网力量实现与外部的连接，能扩大平台边界，改变产品的研发方式，能实现对用户消费行为数据的感知、传递和分析，对接用户需求，对接外部资源，形成多方共赢的生态，进而进一步做大平台。

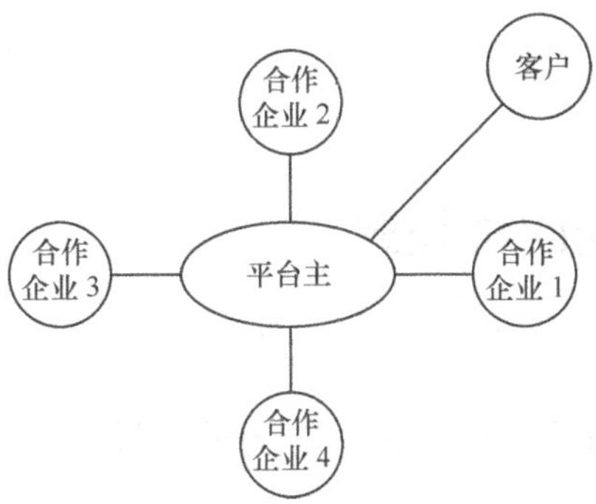

图 5-1　多边平台模式结构图

总的来说，平台是企业主导的经营模式，是生态系统的载体，而生态系统则是在平台模式基础上形成的企业网络化协同体系。但有一点是必然的，即在打造平台、构建价值共同体的过程中，本质上也是打造平台生态的过程，平台生态是平台模式运营和发展的最终目标。因此，只有打造成强大的平台生态，才能称为平台商业模式的成功。像阿里巴巴、腾讯这样的市值在万亿级（人民币）的公司，仍能够保持两位数的增长，比很多中小企业“跑”得还快，为什么？这就是平台生态的力量。

万物互联的时代，连接关系发生了变化，人与人、人与物、物与物，一切都更加高效、更加紧密地联系在一起，这为传统企业打造平台型企业创造了条件，为平台赋予更强的生命力。毋庸置疑，在平台模式中，如何激发网络效应、打造平台生态圈、迅速扩大规模是决定平台模式成功的关键。

平台模式与平台生态是一对孪生兄弟，打造平台生态是检验平台模式成功的重要标准。在平台经济盛行的今天，打造平台生态是每一家企业追求的目标。打造平台生态必须坚持产业思维和平台思维，如果你对产业本质、产业变革和平台规律没有深刻洞察，就不要妄谈生态。当然，通过努力，一旦平台生态建立起来，整个产业的价值就可能向平台企业倾斜，平台就可以在产业中起到引领作用。

平台生态的四种模式

从全球企业发展来看，平台生态是当今世界最为突出的经济形势。通过价值共同体这一生态系统，平台生态一端要连接消费者，另一端要连接产业资源，用平台化运作去满足消费者多样化的需求，快速响应消费者的需求变化及整体价值诉求，从而使平台生态表现出旺盛的生命力。

在我们的日常生活中，有很多成功打造生态产品或生态平台的例子：我们经常看到的大型农贸市场、双创基地、工业园区、证券交易所等，其实它们都是平台生态的线下案例；阿里巴巴是一家集买家、卖家、物流、金融于一体的电商平台，成功地构建了强大的电商平台生态；Android 是一个平台，也是成功的平台生态；小米实际上构建了一个“电商平台 + 硬件 + 软件”的闭合平台生态；海尔的创客平台也是一种平台生态。像这样打造成功的平台生态的企业和产品还有很多，如摩拜单车、美团、找钢网、今日头条、新东方、春雨医生……

看到这么多平台生态的产品和企业，我总结出平台生态主要有以下四种模式。

第一，单边的平台生态模式。这种模式是指在一个企业内，业务活动由两类利益相关方参与。一类活动由公司自己做，公司就是平台；另一类活动由一个个业务自主体来做，这样组成的平台叫作单边平台商业模式。如韩都衣舍就是典型的单边平台商业模式。韩都衣舍在网上做定制化服装，从事很多业务活动。它的业务活动可以分成两类，一类是由公司总部来做的，包括品牌策划、运营、生产、摄影、物流、仓储等；另一类业务活动由业务自主经营体来做，比如定款定价、页面制作、出入仓库的管理等。正是因为韩都衣舍在企业内部实行单边平台生态化 + 自主经营体的模式，才有效激发员工创业的热情，激发每个项目小组和每个产品经理直接去面对市场、面对客户，推出客户所需要的新品。如果不是“平台 + 生态”的模式，一年不可能推出多达 3 万款新品。所以，从产品设计到产品生产和品牌运营，各经营体都有决定权，完全能够基于客户需求进行独立核算，独立面对市场，并共享一个平台、一个生态。

第二，以产品为核心的垂直整合平台生态模式。这一模式的特点就是企业以核心产品为中心，重点通过平台运作、战略联盟和合作、产品持续迭代等方式，打造让用户“尖叫”的杰出产品，进而形成以产品为核心的平台生态。这一模式较为普遍，主要适用于垂直行业领域。如大疆创新专注于无人机，通过技术创新确立了在全球无人机市场的领先地位，以此聚焦产业链合作伙伴，有力促进大疆创新向无人机生态圈转型，从而为大疆创新拓展更大的市场空间。

这一模式从产品到平台生态的演进过程，主要呈现以下几个特点：一是从客户需求出发找到客户的价值点、痛点，并切实加以解决，从产品做起，牢固树立用户经营的生态观；二是为了打造好产品，进行生态布局，整合产业链上下游企业，共同合作，共创价值；三是高价值的新产品和服务的创造，这一点既是生态的本质，又是商业生态最核心的价值。企业正是通过为客户创造高价值的产品而形成良好的价值共同体，从而打造垂直生态系统。如果一个生态系统不能创造出全新的产品和服务形态，它就是一个伪生态。

第三，以提供产品丰富性为特征的平台生态模式。这一模式的主要特点是平台企业本身不生产产品，它的主要任务就是为各类合作伙伴提供一个真实的或虚拟的交易场所，并通过平台运营，促进平台各利益相关者的分工合作，和谐共处，互利共赢，从而打造一个满足客户多元化需求的平台生态。这一模式的实践在零售领域最为普遍。淘宝、天猫、京东、亚马逊、找钢网、携程网、大众点评以及各类创客平台等都是这一模式的典型代表。

找钢网自己不生产钢铁，而是看到了钢材交易链条冗长、钢贸行业效率低下的痛点，于2012年5月正式上线运营，其核心价值就是为钢厂和买家搭建一个交易平台，大大缩短钢材交易的产业链。找钢网为中小买家提供"找货快、比价快、议价能力强、免费"等服务，因此深受钢铁销售产业链各方的欢迎。找钢网的撮合交易量迅猛攀升，2015年平台上钢铁总交易量约3200万吨，约占全国钢铁市场流通总规模的8%；2016年实现全面盈利，2017年总营收达到300多亿元。同时，找钢网以海量订单吸引厂家和代理商，目前，找钢网合作钢厂已超过100家，服务下游用户6万多家。如今，找钢网越做越大，品牌影响力不断提升。2017年，找钢网成为估值达到10亿美元的"独角兽"公司。

第四，跨产业的平台生态模式。这种模式是指平台企业出于自身发展的需要，拓展多个领域，从而形成相互连接、相互促进、相互协同、共同成长的自成生态的大平台生态。这种模式的形成机理主要是平台的三边、四边或更多边的市场结构所致，如淘宝的多边市场不仅包括5亿多买家和数以万计的网店，还包括运营服务商、物流服务商、金融机构、应用开发商等。现在我们看到的一个真实的淘宝是这样的：淘宝自身除了电子商务平台外，它还是一个广告交易平台、物流交易平台、支付平台、大数据服务平台、阿里云服务平台等。这些平台相互连接、相互促进，从而形成一个复杂的平台经济系统，也是我们常说的阿里电子商务帝国。

这种跨产业的平台生态模式要经营好、要取得成功，需要把握以下几个要点。

一是必须形成一个核心平台，而且这一核心平台在市场中具有领先地位。只有核心平台的成功，才能实现向产业链核心环节或“微笑曲线”中的高价值环节进行拓展或延伸。以迪士尼为例，迪士尼在建立主题公园这一核心业务的基础上，打通了动漫暨影视制作产业链，并向媒体传播、影视娱乐和衍生品（纪念品）领域延伸扩张，从而成功打造出以儿童为中心的娱乐帝国。

二是进入的多领域最好能自成生态、紧密关联、高效协同，这是最为关键的。所谓自成生态，就是指基于核心平台或核心领域形成的可扩展能力，以此拓展相关业务领域，构建一个相互协作、体系化的产业版图。这告诉广大企业管理者，在选择这种模式、拓展产业领域时，尤其要发挥核心领域的优势，各业务板块之间一定要形成相互促进、相互协同、环环相扣的业务体系，不能为进入而进入。为什么乐视平台生态轰然倒下？除了资金链断裂这一原因外，乐视缺乏根基业务，乐视网作为基石业务又缺乏核心竞争力。从最早的乐视网、乐视电视、乐视影业、乐视体育的虚拟经济，瞬间扩张到制造业，做起了乐视手机、乐视汽车，而且各子生态之间缺乏协同和资源共享，并没有实现“生态化反”，这是乐视生态坍塌最为重要的原因。

三是努力避免多元化陷阱。跨产业的平台生态模式能够取得成功的关键，一方面是要有坚定的核心业务做支撑；另一方面就是各业务板块能形成很好的内部生态。这与多元化战略是有一定区别的。乐视生态轰然倒下还有一个原因就是陷入多元化陷阱，在核心业务还不强的情况下，积极拓展汽车、手机、金融等领域，为多元化所拖累，导致资金链断裂。

可以看出，跨产业的平台生态模式是最难驾驭的，这种模式要取得成功，对企业的战略经营、运营管理、资金实力、人才队伍建设等方面提出了更高的要求，只有那些资金实力强、核心业务强大、拥有顶级的企业高管的公司，方可采取这种模式，旨在打造更为强大的商业帝国。

走进平台生态型企业

在互联网快速发展的二十多年时间里，BAT 三巨头分别以人们对信息、网购和社交的需求为基础，获取了数以亿计的用户，打造了以平台为核心的生态系统，在商业世界里“呼风唤雨”。它们为什么能取得如此的成功？答案不言自明，即它们是平台生态型企业。为什么平台生态型企业具有如此强大的竞争力？

我们知道，现在互联网发展十分普及，迎来智能互联时代，这样的时代是一个开放竞争时代，也是一个平台经济时代，这也是为什么越来越多的企业选择平台商业模式的内在原因。当然，做平台不一定能成功，比如当今最热的孵化器。孵化器也是一种平台，一边连接创业者，一边连接为创业提供各类服务的机构，包括各类风险投资机构、培训机构等。自国家大力倡导“大众创新，万众创业”以来，各类孵化器、双创基地如雨后春笋般不断发展，我国各类孵化器超过 5000 家，涌现出氪空间、创新工场、优客工场等众多创客空间。但我们同时也看到近年来一些孵化器企业相继倒闭，如 2016 年深圳的地库、孔雀两家孵化器相继倒闭，主要原因是入住率太低、竞争压力大等，但更重要的原因是孵化器无法帮助创业团队取得实质性的发展。再比如新浪微博，也说明平台并不是那么容易做成的。曾几何时，Twitter在国外迅速流行，微博这种商业模式瞬间在国内走红。新浪微博是这波浪潮中的佼佼者，独领风骚，一时间成为国内最大、最鲜活的平台。然而好景不长，随着微信的崛起，新浪微博很快走下了“神坛”，风光不再。网易、腾讯等竞争对手的纷纷离场更多昭示的是这一商业模式的整体衰落。这让我们看到，做平台不一定能成功，但不做平台一定难以成功。

平台一旦建立起来，平台自身具备新陈代谢功能，就会衍生为一种“生态”，也就进入了生态型企业的成熟期。在这个阶段，生态法则就适用于所有参与的企业。生态法则能让所有的参与企业找到各自的角色定位，能够在生态组织中发挥自身优势，共同为生态型企业的繁荣发展奉献自己的力量。

生态往往具备高度灵活、新陈代谢、自我更新的特征，与平台相比，生态的自我繁殖、自我发展、自我修复、自我平衡的特征更加突出。企业进入生态型组织发展阶段以后，新陈代谢能力加快，生态系统更加繁荣，企业形态更加开放。这种开放性让企业的价值创造能力获得突飞猛进的提高，创新能力得以充分展现。

在互联网时代，企业发展遵循这样一个环环相扣的成长逻辑：从产品到平台，从平台到生态，从生态到生态型企业。这里需要特别说明的是，平台型企业并不等于建立了强大的生态系统，建立了强大的生态系统也不等于成为生态型企业。为什么呢?

平台型公司向打造生态系统进化，关键是不断提升平台体验和不断为价值共同体创造价值，海量的用户规模、较高的用户黏性是平台得以快速放大的关键。在“去中心化”“去中介化”的今天，只有做大做响平台，平台才能吸引越来越多的合作伙伴，才能不怕合作企业的刁难，因为在开放合作的大潮下，任何一家合作企业都可以找到替代的公司。因此，平台运营良好，让平台中的各个参与方磨合好，都有各自的定位和分工，都能在合作中有收获，这样生态系统就能逐步建立起来。生态系统建立起来，并不等于企业就是生态型企业了，因为并不是所有的企业都是平台，当然互联网公司本身就是平台，这个时候，平台生态 = 生态型企业。如腾讯基于 QQ、微信，建立了从公众号的内容分发到支付，再到金融等一系列的服务提供，通过平台开放以及大量的战略投资、收购等活动，使腾讯不仅是一家平台型公司，更是一家生态型公司。

电信运营商到底是不是一家平台公司？从互联网产业链“微笑曲线”来看，电信运营商在互联网产业链“微笑曲线”的底部，主要是为广大客户提供管道和连接服务。虽然电信运营商成立的互联网公司、孵化器等是平台，但从总体上来看，电信运营商本质上不是一家真正的平台型公司。所以，那些关于将电信运营商打造成互联网公司的说法是不正确的，进一步说明将电信运营商打造成生态型公司也是不妥的。其主要原因一方面是，只有将为客户不断创造价值的平台型公司打造成生态型企业才更为可靠，而电信运营商本质上不是平台型公司；另一方面，电信运营商的生态战略是由各业务生态组成的，在很大程度上它们只是产业链的某一环节面向社会开放，让社会力量参与进来，充其量只是在电信运营商控制下的一种资源配置方式与组织形式的创新。

互联网时代的到来使商业环境愈加复杂多变，竞争更加充分和激烈，对于大多数企业来讲，要想在新时代立于市场已经不再是一件容易的事了。互联网的高速发展将每一个个体和组织都连接起来，只有“生态型企业”才最具竞争力，才能获得更好的发展，如阿里巴巴、腾讯、京东等。

平台生态型企业一般具有如下几个特点：一是把握好产业价值链的各个环节，将价值链的起点和终点连接起来，实现整条产业价值链的互联互通；二是推动实现价值链各个环节之间的协调，注重各个环节产生的聚合效应；三是实现内部各子生态之间协同和流量、数据、客户等资源的共享，并实现在各子生态之间的贯通；四是重视与外部合作伙伴的合作；五是将注意力放在为用户创造价值创新上，而非关注竞争本身；六是拥有强大的动态平衡能力，可以进行自我调整和修复，能快速适应环境的变化。

上述几点对企业的生态运营管理提出了更高、更新的要求。在实践中，完全做到的企业面临来自市场、运营、人才、战略等方面的挑战，但这些无疑为企业打造平台生态型企业指明了方向。实践证明，以平台为基础的生态型公司往往是游戏规则的制定者，这样的企业最具竞争力，一般处于产业价值链的最高端，也是企业发展追求的目标。如今，在不确定性市场环境下，每一家企业都要为打造生态型企业而不断努力。只要把握生态型企业的成长规律，企业一定能在推进平台模式的过程中实现向平台型生态企业迈进。

如何构建平台生态圈

在互联网时代，对于平台型企业而言，应该如何构建自己的平台生态圈？主要应从以下六个方面来考虑。

第一，做好平台的战略定位。战略定位解决的是企业在面对诸多发展新机遇时，怎样做出有利于企业自身发展、有利于在用户的心智中占据有利地位的战略选择。战略定位的核心是指企业面临环境的变化，应该做什么而不应该做什么，这是解决企业面临环境变化和诸多不确定性所带来的新问题。一个正确的战略定位能明确平台的发展方向，能更好地发挥企业的优势，拓展企业有优势的业务；能使企业更好地适应市场环境的变化，形成差异化的竞争优势；能更好地激发广大员工的士气，增强组织活力。

做好平台战略定位关键要做到：一是找准价值点，选准市场切入点。实现立足要把持住诸多价值链有共性的一个环节，做到相对高效，为一个或多个价值链提供更多价值。也可以从产品做起，要把产品做到极致，以此为基础，就可以建立一个平台。二是提高平台产品的丰富性，衍生更多的服务，在建立起来的一个平台上，为价值链上的更多环节构建更多高效的辅助服务，能增强平台的黏性和竞争壁垒，最终可形成平台生态圈。三是对于新创企业，平台定位要坚持有所为有所不为，聚焦重点，力争在垂直市场成为市场的领先者。因为在现代市场经济条件下，企业不可能满足所有用户的需求。在这样的形势下，坚持聚焦、敢于放弃是企业战略制胜的法宝。

第二，要制定平台生态的标准和规则。标准和规则是确保生态系统可以健康有序、和谐共赢、高效运营的关键。正如交通法规确保道路畅通有序一样。如果没有规则，生态是极其混乱的。

苹果公司借助第三方开发者的力量，不断丰富 AppStore 应用，大大拓展了公众对手机的想象空间。苹果 AppStore 制定了严格的平台游戏规则，具体包括：个人和企业开发者在苹果注册需要缴纳会员费，个人会员费 99 美元，企业会员费为 299 美元，SDK 免费下载，从而降低了人们进入手机软件这个领域的门槛；采取有利于开发者的分成模式，开发者与苹果公司 7:3 分成；同时，苹果加强了对 AppStore 应用的审查，如对影响未成年人的应用实行严格把关等。

在生态系统建设方面，阿里巴巴无疑是杰出的代表。2017 年，阿里巴巴全年总销售额（GMV）达到 3.77 万亿元，同比增长 21.6%，成为全球最大的电子商务平台。阿里巴巴在平台开放方面制定严格的规则，有效保护了买家、卖家、用户以及自身的利益。如《淘宝规则》中规定：淘宝会员名、淘宝店铺名或域名中不得包含违反国家法律法规、涉嫌侵犯他人权利或干扰淘宝运营秩序等信息；会员将账户与通过实名认证的支付宝账户绑定，公示真实有效的姓名地址或营业执照等信息并通过审核后，方可在淘宝上开店；不得利用网站服务从事侵犯他人知识产权的行为等。

俗话说：没有规矩，不成方圆。要建设好生态系统，不仅要提升生态的聚合力，还要制订好平台的标准和规则。

第三，生态企业为合作伙伴的业务发展赋能。在 2017 年财富全球论坛上，腾讯公司创始人、董事会主席兼首席执行官马化腾表示，腾讯在互联网时代要做“去中心化”的赋能者，并不试图去掌握别人的命脉。他为自己在商业生态中扮演的角色打了一个通俗的比喻：“我们不是出租，而是请你来建房子，建完房子就是你的，你的客户、粉丝都是你的，不需要再交月租，不需要每年涨价。”

为合作企业赋能是打造牢不可破的生态系统的重要特征，通过赋能，直接提高合作企业的产品竞争力，增强其生态系统的竞争优势。常见的赋能做法有综合服务赋能、金融赋能、无形资产赋能、供应链赋能、数据赋能、技术赋能等。

一是综合服务赋能。赋能企业为被赋能企业提供多种综合服务，提升了被赋能企业的能力，增强了赋能企业生态系统的竞争优势。例如，母婴连锁店是婴幼儿奶粉制造企业的重要销售渠道。婴幼儿奶粉制造企业通过培训育儿知识、传授终端陈列技巧、直接指导和参与终端促销等方式，提升母婴连锁店的获客能力和推销能力，从而更好地服务婴幼儿奶粉企业自身的用户。

二是金融赋能。赋能企业为被赋能企业提供第三方支付、担保、引荐投融资商等金融服务，进而增强了赋能企业生态系统的竞争优势。例如，大型汽车产业集团为商业生态系统中的零部件供应商提供担保服务。

三是无形资产赋能。如温氏集团采用“公司 + 农户”模式，与养殖农户除了常规的禽苗、畜苗、饲料、生猪、肉鸡、肉鸭交易以外，还对农户输出养殖技术和环保标准，免费指导养殖户参照环保标准建设养殖场，指导农户的养殖技术，参与养殖的过程管理等。

四是供应链赋能。供应链赋能是指赋能企业在集中采购、物流优化等方面帮助被赋能企业，从而增强赋能企业自身的生态系统。较为典型的案例是阿里巴巴为淘宝、天猫平台的商户提供集采服务。

五是数据赋能。阿里巴巴利用平台大数据的优势，为卖家开放数据或提供数据分析报告，帮助卖家掌握消费者的需求并做出反应，从而为客户提供更好的产品和服务。

六是技术赋能。常见的技术赋能种类有SaaS、云计算、物联网、人工智能等。随着技术的发展，技术赋能越来越成为可能。赋能企业可能还会利用3D打印/3D摄影、人脸识别、VR/AR、区块链等技术开展赋能。仍以温氏集团为例，它们注重为农户提供现代的信息化工具，为农户的鸡舍（猪舍）安装RFID芯片，进而使农户养殖流程的每一个环节实现信息化。温氏集团的技术员便可用手持终端对农户所饲养的每一批肉鸡（肉猪）的饲料的领取时间、喂养食量、出栏时间、疫苗时间等信息进行实时分析，及时发现不符合养殖标准的地方，及时提醒养殖户进行管理和改进，从而提升农户的养殖水平。

在技术发展日新月异、颠覆性创新日趋活跃的今天，企业要走得更远，就要学会赋能，实施赋能战略；不仅为合作伙伴赋能，还要为用户、员工、社会赋能。

第四，建立企业自身的核心竞争力。核心能力是指公司的关键资源能力，是公司在竞争中处于优势地位的强项，是其他对手很难达到或者无法复制的一种能力。要打造可扩展的平台生态圈，企业就要努力建立起如技术、品牌、产品、商业模式、运营管理等自己容易复制、别人很难超越、边际成本极低或几乎为零的无形资产优势，才能增加平台的可扩展性。在网络效应的推动之下，使平台迅速做大，以实现更大的平台价值。

每个企业都应根据自身平台发展的要求，灵活确定企业的核心优势。核心优势一定是在产业价值链的一个或两个环节上具有其他企业难以超越的优势。但有一点需要注意的是，要打造强大的平台生态圈，企业必须建立起强大的技术创新能力。只有技术和平台很好地结合，平台才更有竞争力。

第五，平台要具备自我进化、自我成长的能力。苹果的 iPhone、iPad、iTouch，甚至未来的 iTV 与 iCar；乐视的超级电视、超级手机、超级汽车都是在生态下自然而然的衍生品。生态型企业必然会与时俱进，不断孵化出新业务，淘汰旧业务，持续自进化、自创新，生生不息。

类似万科、格力、诺基亚、柯达这种采取专业化战略的企业，虽然在一定的历史阶段取得了巨大成功，但缺乏自孵化、自进化与自创新的能力，当企业成长到一定规模后，就会受到行业规模、经济周期及破坏式创新等各种威胁，而无法找到新的突破点。

第六，生态下各企业之间、各业务能保持战略的一致性和协同性。战略的一致性和协同性就是要求生态系统的各企业和业务实现共生共融，而不是相互争夺资源、相互消耗。这是打造强大生态系统的基础。

战略的一致性主要表现在为客户打造好的产品和为客户创造价值，只有在这方面达成共识，才能更好地促进生态企业之间的合作，从而在合作中实现多赢。

对利益的追求是人类社会发展的原始动力，在企业之间的关系上尤其如此。生态系统的合作企业与平台型企业之间以及平台型企业各业务板块之间是合作关系，而不是竞争关系，这种不同主体之间的联合比各自为战能产生更大的价值，形成“1+1>2”的协同效应。万达广场将商业、住宅、酒店、百货与电影院线进行了整合，创造了城市综合体的全新地产形态与全新用户体验。迪士尼乐园也是如此，其将娱乐内容与儿童乐园进行了有机结合，创造了全新的乐园形态与用户体验。这里要强调的一点就是，平台型企业为广聚合作伙伴，提高在生态合作中的号召力和影响力至关重要，而且这种合作不是以一方的繁荣换取另一方的萧条为代价，而是互惠互利的。如亚马逊 Kindle 不做内容出版业务，但是凭借其平台强大的影响力聚集了越来越多的优秀出版商。

合作是为了实现优势互补，共同为提升客户价值而努力为客户提供体验佳、服务好的产品。当然，合作企业之间也存在替代关系和竞争关系，这种竞争关系有利于选择更加合适的合作伙伴，有利于生态系统的自我进化，促进生态系统的繁荣和发展。

苹果做 iPod、iPhone、iPad、iMac，乐视做超级电视、超级手机及超级汽车，它们在战略模式与产品理念上基本是一致的。而从联想个人电脑与联想手机、海尔冰箱与海尔空调、海尔电视身上，却观察不到一致性的战略与产品理念，而是完全独立的。在多元化战略下的各业务是没有太强逻辑关系的简单叠加，而生态战略下的各业务浑然一体，在战略与产品理念上具有很强的一致性与一贯性，可以保证各类产品在各个时期都能保持同等的竞争力与生命力。

如今，生态战略在互联网时代具有较广泛的适用性，因为通过互联网技术与物联网技术更容易实现生态系统内不同元素的融合，实现“1+1>2”的效果，并创造出全新的产品价值与用户体验。

总之，共创、共建、共管、共赢，这是平台型企业适应新的市场环境变化、践行生态战略的核心所在。在新的商业竞争时代，共创共建平台且相互赋能、共生发展，成为企业获取竞争优势的重要途径，也为企业的发展获得持续的生态优势。

乐视生态为什么会失败

乐视以内容起家，曾一度发展成为行业中最为耀眼的企业之一，最突出的表现就是乐视建立的以客户为中心的“平台 + 内容 + 应用 + 终端”的生态战略（如图 5-2 所示），形成的“大屏生态、手机生态、汽车生态、内容生态、体育生态、互联网及云生态、互联网金融生态”七大子生态以及乐视提出的引以为傲的“生态化反”，让业界为之一亮。

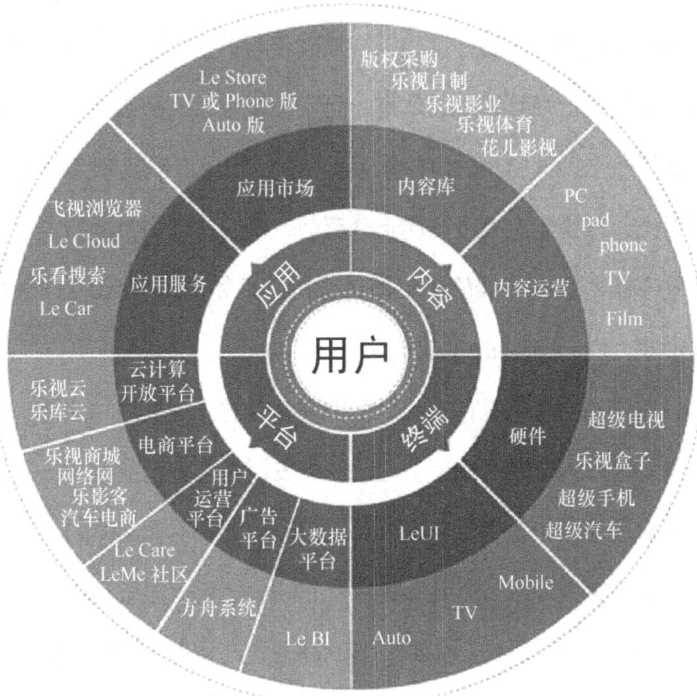

图 5-2　乐视生态体系

乐视生态体系从乐视生态战略布局来看十分完美，其创新实践无疑是对工业文明时代的一种颠覆和重构，主要表现在：一是乐视生态战略的核心价值是基于为客户创造更高价值和更好的价值体验；二是乐视着重布局了基于互联网生态的三大终端入口：超级电视是客厅生态入口，手机是移动生活入口，汽车则是交通出行入口，三大终端覆盖了人们工作、生活的主要应用场景；三是乐视内容和终端形成协同效应，每个子生态环环相扣，并且实现用户共享。贾跃亭曾说过："乐视各子生态看起来互不相干，但实际上都是可以用互联网改造的，彼此的化反和协同增效正是乐视商业模式的核心价值。"如乐视通过销售内容收费，实行"硬件免费"，带动了用户规模和活跃度的增长，2016年，乐视手机销售量达到近2000万台。四是垂直整合提升客户体验。乐视从内容起家，逐步向终端、平台、应用拓展，构建"平台+内容+终端+应用"的垂直整合的全产业链闭环生态，这使乐视横向不断扩大产品线，纵向整合上下游企业资源，从超级电视到影视、体育，再到乐视手机、超级汽车，又涉足金融领域，形成了一个乐视自身的价值体系，目的是让人们得到极致体验。

可以看出，乐视生态战略布局十分超前，其以创新去挑战传统互联网公司和硬件公司垄断的固有格局的勇气值得称赞。正如贾跃亭所说："乐视生态互联网一旦形成，就会跨越BAT的统治。"

的确，在过去的几年里，乐视一度引发社会的广泛关注和期待，也是过去几年中国最受瞩目的互联网明星公司之一；发展也十分迅猛，从一家视频网站起家，迅速成长为横跨七个行业、涉及上百家公司和附属实体的大型集团，仅乐视网股价最高突破40元，市值最高超过1500亿元。但乐视这种生态模式一直受到市场的质疑，"缺乏核心业务""大肆圈钱""盲目扩张""热炒概念""缺乏核心竞争力""热衷资本运作"等，这些都是外界给乐视的标签。好景不长，尤其是在2014年12月，乐视正式宣布进入汽车这个烧钱而又需要长线经营的领域之后，潜藏的危机逐步显现。由于乐视战线过长，市场对乐视"缺钱"的质疑声不断。2016年11月，乐视被曝出资金链断裂，贾跃亭发表公开信，公开承认乐视发展面临资金紧张。进入2017年，乐视负面消息不断，员工讨薪、债主催债、贾跃亭撒手去美国造车迟迟不归、乐视网停牌、乐视手机停摆、贾跃亭辞任乐视网董事长、贾跃亭夫妇及乐视系12.37亿元资产被冻结、乐视拖欠债务高达100多亿元……这一系列负面消息，标志着乐视生态大厦的坍塌。

乐视网股价一年来不断下跌，由最高超过 40 元狂跌到现在的 3 元以下（截至 2018 年 8 月 17 日，乐视网收盘价为 2.09 元，如图 5–3 所示），贾跃亭带着他所谓的生态化反从云端跌入了谷底，乐视生态失败也是不争的事实。

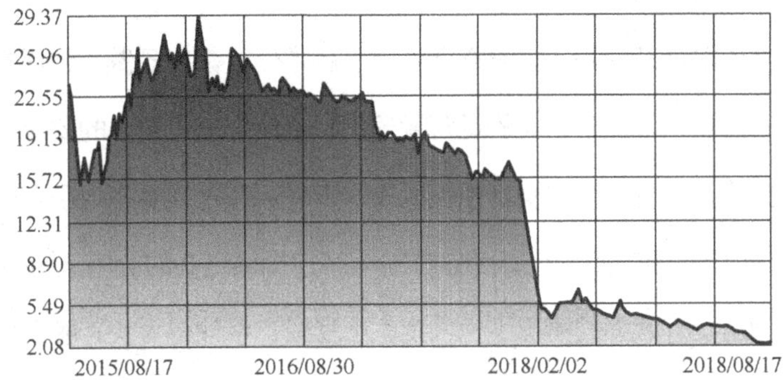

图 5-3　乐视网近 3 年股价走势

生态战略本身没有错，那规划完美的乐视生态战略为什么会坍塌？除了资金链断裂是拖垮乐视生态的一个最主要原因外，从促进生态战略成功的内在要求来看，我认为主要原因体现在以下几点。

一是缺乏生态基石产品。BAT 生态大厦之所以屹立不倒，关键在于拥有强大的基石业务：百度的搜索、阿里巴巴的电商和腾讯的社交。乐视以乐视网为乐视生态的基石，但事实并不是这样。乐视网起初确实是视频播放领域的领头羊，一时风头正劲，股价高歌猛进。但乐视网的业务发展却并没有与“大跃进”的股价相匹配，乐视网年报显示，2017 年，乐视网营收达到 70.25 亿元，同比下降 68%；净利亏损为 138.78 亿元。可以看出，乐视将乐视网作为生态基石，发展差强人意。其实在乐视的所有产品体系中，几乎每个领域的产品与行业领先企业相比差距都较大，始终未能出现一个稳定、强大、在行业中处于领先的生态基石。视频是乐视战略性原点业务，但已掉出第一梯队；乐视电视虽然在互联网电视品类中占据第一位置，但整体市场规模不大；手机业务与华为、OPPO 和小米不可同日而语。试想，如果乐视在视频领域的地位如同电商行业中的阿里巴巴，拥有强大的流量支持，或许乐视生态大厦不会倒塌。所以，乐视生态虽然发展动作不断，但是由于根基不牢，其就是一个空中楼阁，乐视生态战略失败也就不足为奇。

二是垂直整合惹的祸。垂直整合本质上就是什么都自己做，包括横向一体化和纵向一体化，但这对企业的运营管理、现金流提出了更高的要求，面临更加严峻的挑战，一旦战线过长，往往以失败告终。在乐视生态战略布局中，我们看到乐视以垂直整合为荣，认为这样能为客户提供更高的价值、更好的体验。在乐视视频还没有做强的情况下，乐视急于膨胀，手伸得太长，触角太多，战线过长，摊子铺得过大，大的方面包括内容、平台、终端和应用四大架构，进入云计算、手机、电视、体育、影视、金融、互联网汽车等众多领域，几乎各行各业都有乐视的身影，从而陷入多元化的陷阱。乐视依靠其高超的资本运作进行融资，以满足其快速“烧钱”的需要，更重要的是乐视缺乏战略经营、生态运营、高端技术等方面的核心人才，这必然导致乐视这种垂直一体化模式拖垮了乐视。

三是内部生态缺乏高效的协同性，各自为战。我们知道，生态战略成功的一个重要内容就是内部各子生态之间要高效协同，形成一个良性的内部生态，往往通过流量、数据和用户共享实现各子生态的贯通。乐视形成的“大屏生态、手机生态、汽车生态、内容生态、体育生态、互联网及云生态、互联网金融生态”七大子生态，看似相互协同、相互促进、自成体系，但实际上这种协同是弱相关的，如乐视网的用户不一定是乐视体育的用户，乐视体育的用户不一定是乐视手机的用户，原因是乐视体育一般是高端用户，对手机要求较高，而乐视手机则是低端用户，很显然，乐视体育用户和乐视手机用户两者是不一致的。从这一点来分析，乐视内部用户其实是不共享的，是弱相关的，而且乐视业务体系中一直缺乏导流的核心产品，这些都说明乐视并没有形成良好的内部生态。从乐视运营进一步得到验证，实际上乐视七大子生态是各自为战的，如乐视的每个子生态都在进行独立融资，这进一步说明了乐视各子生态缺乏协同性。

四是在合作共赢、创造价值等方面差距较大。在乐视构建的“平台 + 内容 + 终端 + 应用”这个生态体系中，乐视视频发展较好，聚焦了一大批外部合作伙伴，具有生态圈的特点。除了乐视视频之外，其他产品的合作主要来源于自身。乐视主要通过资本运作进行融资，外部对乐视的质疑一直不断，导致真正加入乐视生态的其他企业并不多。自始至终，乐视生态圈的参与者只有它自己，和他人无关。为什么乐视在聚集合作伙伴的能力方面不尽如人意？主要是由于乐视在为客户创造价值方面还有差距，用户规模和流量难以有更大的突破，用户黏性不强；除了乐视视频业务盈利之外，其他业务都不盈利。也就是说，在乐视生态建设中，并没有为客户创造实实在在的价值，也没有给其他企业带来更多收益。所以，乐视就不能形成良好的生态循环，这必将影响乐视生态的健康发展。

梦想很美好，现实很残酷。通过以上分析，我认为乐视的生态战略无可挑剔，但很明显，乐视生态尚不具备健康生态圈的特征，乐视生态战略要取得成功还有很长的路要走。

但不可否认，乐视在生态战略创新、打破行业格局等方面的创新精神值得肯定。乐视虽然近年来表现得差强人意，生态危机愈演愈烈，但要摆脱危机，实现新的发展，我认为乐视重点要做“减法”，要有“壮士断腕”的精神，砍掉一些不相关的产品，要在强化战略经营、提升和创造客户价值、打造生态基石、强化生态运营上求实创新、持续发力。我相信，乐视一定能安然渡过危机，迎来新的发展春天。

第六章

五大行业生态：生态战略的应用

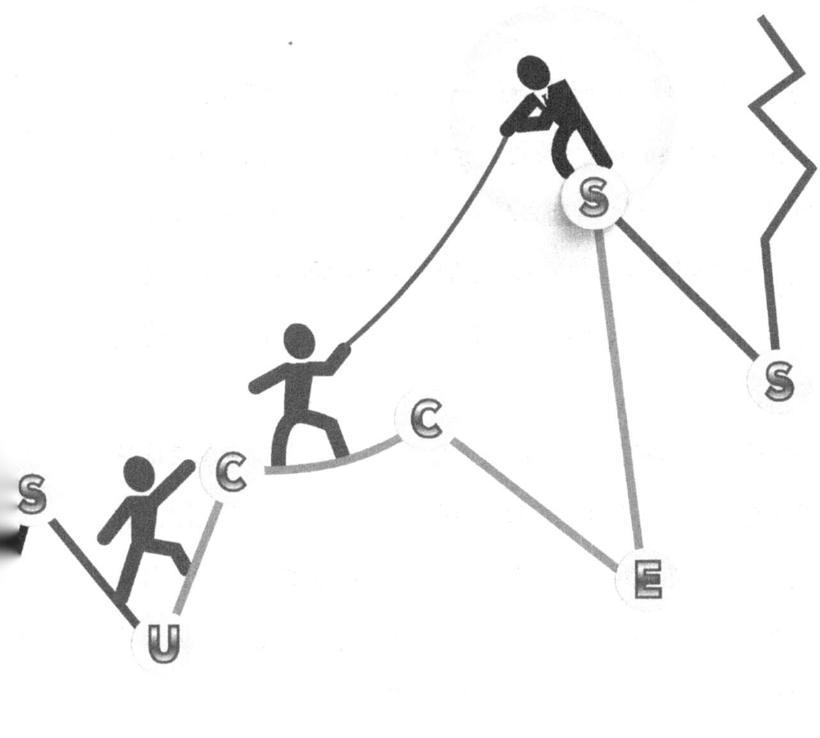

在新一代移动互联网、物联网的浪潮下，互联网把企业内部研发、设计、生产、采购、销售、服务、管理等生产经营各个环节连接在一起，互联网又把用户、企业、外部资源连在一起。正是因为互联网能像水一样渗透到社会经济发展的各个角落，从而形成各种各样的平台，如社交平台、电商平台、互联网金融平台、工业互联网平台……进而发展成为各种各样的平台生态。可以说，当今世界，平台生态是企业发展制胜的重要选择，也是最为常见的生态战略。本章重点介绍几种常见的生态战略在各个行业的应用。

互联网金融生态

互联网金融是“互联网 +”在金融领域的一种应用，是对传统金融模式的一种变革和创新。互联网金融是依托于支付、云计算、大数据、社交网络以及搜索引擎等互联网工具而产生的一种新兴金融模式。随着传统金融业和互联网领域的不断融合，互联网金融得到了迅速发展，以互联网为代表的现代信息科技，特别是移动互联网、社交网络、大数据和云计算等，将对人们的金融模式产生根本影响。

近年来，互联网金融的高速发展为金融行业带来了无限的活力。越来越多的互联网公司、传统金融机构大量涌入互联网金融领域，各类互联网金融创新产品层出不穷，支付宝、微信支付、网上银行、P2P 网贷、互联网保险、众筹……极大地丰富和满足了用户的多元化、便捷化、个性化需求，也大大提升了金融服务和运营效率，互联网金融在推动金融模式创新、服务社会经济发展等方面发挥着越来越重要的作用。要谈互联网金融生态，这里重点从两个方面进行分析，一是互联网金融模式生态；二是互联网金融行业生态。

互联网金融模式生态

互联网金融是互联网与金融业的融合。随着互联网尤其是移动互联网的快速发展和普及，互联网金融模式不断创新。从实践发展来看，互联网金融模式主要包括第三方支付、P2P 网贷、大数据金融、众筹、互联网银行、互联网保险六大模式，这里就不再介绍这几种模式，详细情况请读者参阅 2015 年我出版的《互联网金融模式创新》一书。毫无疑问，这六种互联网金融模式本质上都是互联网平台模式。在网络效应下，平台往往出现规模收益递增现象，强者可以掌控全局，赢者通吃，而弱者只能瓜分残羹。

我们先看看第三方支付。图 6-1 是第三方支付平台架构，第三方支付具有显著的平台经济特征，它连接着截然不同的三类用户，即银行、商家和消费者，是典型的多边平台模式。支付宝是第三方支付的杰出代表。截至 2018 年 3 月 31 日，支付宝全球活跃用户达到 8.7 亿人，合作商家达到数千万家，已经应用到人们购物、缴费、出行等生活的方方面面。正是支付宝形成的强大的平台生态，使支付宝成为一枝独秀，在第三方支付市场的占有率超过 50%，处于领先地位。当然，在第三方支付市场做得好的还有微信支付、快钱、汇付天下、京东金融、拉卡拉等，它们也是打造第三方支付平台比较成功的企业。

科技部发布的 2017 年 164 家独角兽公司中，陆金所、借贷宝、微众银行排名分别为第 9 位、第 10 位和第 11 位，估值分别达到 185 亿美元、107.7 亿美元和 92.3 亿美元，它们都是互联网金融企业的杰出代表。

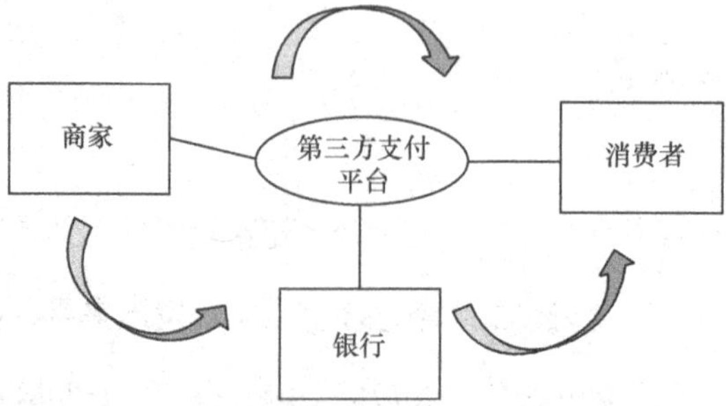

图 6-1　第三方支付平台模式架构

陆金所成立于 2011 年，起初是一家 P2P 网贷公司，如今已转型为一家面向用户的互联网财富管理平台。陆金所成功的关键在于坚持平台开放，只要符合平台标准，好的资源、好的服务都可以陆续加入这一平台生态体系中。目前，陆金所平台上不仅有资产和产品提供方、投资者，也有支付机构、评级机构、律师事务所等各个参与方。陆金所平台的产品丰富、品类齐全，投资者可根据自身的理财需求自由选择进行资产配置。凭借其丰富的运营和风控经验，陆金所平台不断开放，不断发展壮大。2017 年，陆金所财富管理交易量达到 10985.39 亿元，同比增长 65.0%，机构间交易量达到 36872.31 亿元，同比增长 45.4%；自成立以来累计贷款量已达到 4316.19 亿元，在陆金所平台注册的用户数达到 3123 万，活跃投资用户数达到 766 万，累计借款人数为 554 万。正是随着规模和影响力的不断扩大，陆金所打造起一个丰富且完备的互联网金融平台生态系统。

微众银行是最早获得中国银监会批准的我国互联网银行中的一家。互联网银行简单地说，就是运用互联网、物联网以及云计算等技术在线为广大用户提供快捷、安全和高效的金融服务，从而打破时间、地域、网点等的限制。微众银行就是互联网银行模式的一个代表。微众银行网站于 2014 年 12 月底正式上线，2015 年 1 月 4 日，国务院总理李克强考察了深圳前海微众银行，希望微众银行在互联网金融领域闯出一条路子，给普惠金融、小贷公司、小微银行的发展提供经验。

微众银行成立几年来，肩负着“让金融普惠大众”的使命，以打造开放的金融服务生态圈为目标，以发展“金融科技”为核心竞争力，以“轻资产重服务”的发展模式为重点，坚持差异化、特色化发展道路，更好地服务大众和小微企业。微众银行不断进行产品创新，近年来，陆续推出微粒贷、微众银行 App、微车贷等产品，满足客户随时随地享受服务的需求；在服务时效性上，做到 7×24 小时服务，个人信贷只需要 2.4 秒；无营业网点，无营业柜台，更无须财产担保，也是微众银行的一大特色。尤其是微众银行创新风险计量模型、大力推进反欺诈策略工具建设与业务应用，构建了完整的风险治理架构体系，有效降低金融风险。正是通过这些努力和实践，微众银行平台的规模不断扩大，互联网金融生态正在形成。截至 2017 年 12 月，微众银行资产规模近 700 亿元，累计发放贷款超过 6000 亿元，管理贷款余额超过 1200 亿元，管理资产余额超过 300 亿元；有效客户近 3800 万人，覆盖了全国 31 个省、市、自治区的 567 座城市。微众银行的“拳头”产品——无担保消费贷款业务“微粒贷”的贷款余额已超过 1000 亿元。

互联网金融市场的竞争本质上就是平台的竞争，谁拥有强大的平台，谁就能在互联网金融市场发展壮大。随着互联网金融平台经济的发展，那些遵循平台经济规律、做大平台流量和规模、打造良好生态系统的互联网金融公司将是最终的胜利者，它们也必将诞生更多互联网金融的“巨鳄”。

互联网金融行业生态

近年来，我国在积极鼓励创新、适度监管的政策推动下，互联网金融呈现快速的发展势头，新模式、新产品、新服务不断涌现。互联网金融的创新正以前所未有的速度向前推进，改变我们的生活，并且在倒逼传统金融改革、服务实体经济、促进国民经济发展方面发挥着越来越重要的作用。但同时我们也看到，互联网金融在发展过程中也暴露出不少问题，主要表现在：存在以互联网金融名义实施的诈骗等违法犯罪活动，如 P2P 网贷平台以高收益、虚假宣传为诱饵，吸引大量中小投资者，出现不少 P2P 平台倒闭以及 P2P 老板携款潜逃的事件，导致中小投资者损失较大；存在非法吸收公众存款和非法集资的现象；互联网金融过快发展，带来货币挤兑风险，影响金融的稳定性；传统金融机构凭借自身的业务垄断优势，在一定程度上抑制了互联网金融的创新和发展；存在监管不力和监管主体责任不明的情况，影响互联网金融持续健康地发展等。

党的十九大报告指出，要坚决打好防范化解重大风险、精准脱贫、污染防治的攻坚战，使全面建成小康社会得到人民认可、经得起历史检验。可以看出，国家将防范化解重大风险作为现在和今后相当长一段时间的重要任务。所以，为促进互联网金融持续健康地发展，我国就必须营造良好的互联网金融行业生态，创新金融监管体系，防范互联网金融风险，守住不发生系统性金融风险的底线。

互联网金融生态系统的建设是一项系统工程，需要社会各方的共同努力。互联网金融生态包括互联网金融新兴企业、传统金融机构、实体企业、政府、用户等社会各方，只有各方协同努力，形成良好的互联网金融生态，才能真正建立起适应新经济发展的金融格局。为此，应重点做到以下几点：第一，针对互联网金融企业，要守法经营，做好平台定位，以满足客户的多元化需求为中心，推进产品创新、技术创新和商业模式创新，加强与实体经济的深度融合，解决中小企业融资难的困境，更好地服务实体经济；第二，对于传统金融机构来说，要想在互联网大潮中不断发展壮大，就必须抓住互联网金融发展的机遇，以积极开放的心态拥抱互联网革命，增强转型发展的紧迫感和危机感，以互联网思维为指导，突破行业技术、观念和体制、机制等的束缚，主动求变，创新业务模式，转变发展方式，坚持开放合作，深入推进传统金融业互联网化转型之路；第三，对于政府部门来说，要切实贯彻执行《关于促进互联网金融健康发展的指导意见》，按照“鼓励创新、防范风险、趋利避害、健康发展”的总体要求，遵循审慎监管、包容监管的原则，创新监管方式，明确监管主体的责任，重点处置和解决互联网金融发展中出现的欺诈、不正当竞争行为、非法吸收公众存款等问题，以有效防范金融风险，有效治理互联网金融乱象，为打造健康有序的互联网金融生态创造良好的政策环境。

物联网生态圈

物联网是继个人计算机、互联网之后，当今世界最具发展潜力的产业之一。据 Gartner 预测，到 2020 年全球物联网设备的数量将达到 260 亿，物联网市场规模达 1.9 万亿美元。中国也将成为全球最大的移动蜂窝物联网连接市场，2017 年我国物联网连接数超过 2 亿，物联网产业规模从 2009 年的 1700 亿元增长至 2017 年的 9300 多亿元，年复合增长率超过 25%；预计到 2020 年，我国物联网产业规模将超过 1.5 万亿元。

如今，物联网在城市建设、工业制造、物流、家居、安防、交通、医疗、现代农业、公共事业、环境保护等领域的应用逐步普及，正成为推动经济转型升级的新动能，也将为信息通信业的发展带来新一轮增长契机。随着 AI 与 IoT 技术的融合越来越紧密，可以预见，未来 30 年里，所有的物都将相互连接，超级智能走进云端，并走进自动驾驶、健康医疗、客户服务、智慧城市、工业制造等领域，人们的生活将发生巨大的改变。

物联网产业链主要特点

物联网顾名思义就是物物相连的互联网。从物联网产业链结构来看，物联网产业链由感知层、网络层、平台层、应用层组成，如图 6-2 所示。从物联网产业链环节来看，主要包括物联网芯片、传感器、无线模组、网络运营、平台服务、系统及软件开发、智能硬件、系统集成及应用服务。物联网平台凭借其对产业链上下游企业整合的关键作用，成为撬动物联网生态的核心要素。物联网平台作为设备汇聚、应用服务、数据分析的重要环节，主要包括设备管理平台、连接管理平台、应用使能平台三类平台。谁能打造好的平台，谁就能在聚合产业合作伙伴、打造物联网生态中掌握话语权。

图 6-2 物联网四层次产业链结构图

资料来源：中国信通院物联网研究报告。

纵观物联网产业链结构，我们可以看出，物联网产业链具有产业链长、环节多、参与企业多、需求个性化和复杂化、应用广泛等特点。物联网要获得更好更快的发展，关键是实现技术和市场共同驱动。如今，NB-IoT、LPWA、LoRa、Sigfox 等技术日益成熟，5G 进入商用测试阶段；尤其是水利、电力、安防、交通、制造、城市管理、公用事业、环境治理、物流、现代农业、智能家居等行业对物联网的需求不断增长，这些都为物联网的快速发展创造了条件。更为重要的是，物联网要快速发展，真正实现万物互联，更需要产业链各方的共同努力，积极打造良好的物联网生态才是正确的战略选择。

物联网生态蓬勃发展

生态思维对于进入物联网的企业具有十分重要的作用，生态决定物联网发展的未来。近年来，在社会各方的共同努力下，良好的物联网生态正在形成，呈现蓬勃发展之势。

国家在政策上大力支持，推动物联网快速发展。近年来，国家先后出台多项重大物联网发展政策，从《关于推进物联网有序健康发展的指导意见》到《中国制造 2025》，从《物联网发展规划（2016-2020 年）》到《电信网码号资源使用证书》，从《关于全面推进移动物联网（NB-IoT）建设发展的通知》到《推进互联网协议第六版（IPv6）规模部署行动计划》，国家在产业政策上积极支持物联网发展，强化产业生态布局，构建标准体系，完善技术创新体系，推进物联网规模应用，鼓励更多的企业参与物联网产业发展，为物联网健康发展创造良好的政策环境。

物联网广阔的发展前景吸引了众多企业的参与。从平台到操作系统，从芯片到基础设施，从平台到应用，像谷歌、微软、苹果、英特尔、ARM、华为、中兴通讯、阿里巴巴、小米、中国移动、中国电信、中国联通等都参与到物联网的浪潮之中，在芯片、网络、平台、应用等方面不断实现突破，物联网迎来爆发式增长。华为积极推动 NB-IoT 标准制定，推出了 NB-IoT 芯片 Boudica120，拥有物联网操作系统 LiteOS，提出“1+2+1”战略，努力构建 OceanConnect 生态圈；阿里巴巴于 2016 年发布物联网整体战略，集合旗下阿里云、阿里智能、YunOS，联合打造面向物联网时代的服务平台，2017 年 10 月，阿里云推出 Link 物联网平台；腾讯推出 QQ 物联智能硬件开放平台，将 QQ 账号体系及关系链、QQ 消息通道等核心能力提供给可穿戴设备、智能家居、智能车载、传统硬件等领域的合作伙伴，实现用户与设备及设备与设备之间的互联互通；谷歌联手三星共同打造物联网平台 SmartThings；我国三大电信运营商通过成立物联网公司、加快 NB-IoT 网络建设、推进连接管理平台和应用开发平台建设、建立物联网产业联盟等举措，积极打造物联网生态圈，物联网业务呈现快速发展势头。如中国电信以打造物联网业务生态圈为抓手，建成全球首个覆盖最广的 NB-IoT 网络，率先推出基于连接的物联网套餐，联合华为共建物联网开放实验室，建立了连接管理平台和业务使能平台，并成立了天翼物联产业联盟，合作伙伴超过 300 家，并开展 eMTC 测试，2018 年实现了 eMTC 商用。

近年来，在产业链各方的共同努力和产业政策推动下，物联网的发展取得了巨大的进展，物联网模组与芯片作为关键器件迎来爆发期。预计到 2020 年我国无线模组市场规模将达到 296 亿元，芯片市场规模将达到 338 亿元；NB-IoT 芯片、模组的价格大幅下降；越来越多的企业抢占平台制高点，行业影响力不断增强；物联网低功耗、广域网走向规模商用，应用纷纷落地，泛在化的联网设备在全球范围内不断增长。

物联网行业应用需求增长，物联网技术在各行各业得到广泛应用，从而加速促进物联网的发展。2017 年 6 月，我参观了上海全球移动大会通信展，物联网是展会的一大亮点，参观后很受启发，看到物联网已在各行各业得到广泛应用。如华为展示了“平台 + 连接 + 生态”的物联网战略，专门成立物联网行业方案部门，展示了 NB-IoT 在环境监测、智能水表、车联网等行业的应用；中兴通讯、三大电信运营商也都一一亮相，展示其在智能电表、智能交通等方面的应用。2017 年 5 月，在参加鹰潭中国互联网应用创新大会之际，我参观了鹰潭龙虎山风景区，欣喜地看到物联网在龙虎山旅游景区的应用等。

近年来，物联网行业出现的一系列事件，表明物联网产业进入快速发展期。2017 年 6 月，ofo 与华为、中国电信共同研发的 NB-IoT 智能锁正式投入商用；鹰潭成为全球首个具有三张全域覆盖 NB-IoT 网络的城市；2018 年 3 月，上海市政府发放无人驾驶汽车道路实际测试许可牌照，这必将进一步推动人工智能技术和物联网、车联网技术的商业化应用；2018 年 5 月 17 日，由中国电信上海公司与上海虹桥商务区管理委员会共同建设的全国首个“5G 示范商务区”正式启动……

总之，物联网围绕平台的产业生态正在逐步形成，但我们同时也看到，由于物联网产业链长、环节多，要真正实现突破式增长，需依赖于整个产业的共同努力。从当前的物联网应用来看，物联网只是实现了简单场景或孤岛式的连接应用，还没有形成产业规模效应，相应的商业模式也有待创新。同时，物联网又涉及各行各业，可以说没有哪一家厂商可以提供全部的解决方案，这也是物联网给产业界带来的最大挑战。

把握物联网生态圈的战略定位

物联网的巨大市场吸引了越来越多的公司加入，据不完全统计，全球共有 18000 家企业参与其中。IDG 旗下杂志 *NetWork World* 于 2018 年 3 月公布了全球最强物联网 20 家公司的名单，亚马逊、谷歌、ARM、高通、华为等位列其中。面对物联网的巨大商机，对于任何一家企业来说，把握在物联网生态圈的定位至关重要，因为任何一家企业都不可能涉足物联网的所有环节。

对于进入物联网的众多中小企业来说，要立足物联网生态，应聚焦在某一细分领域，或专注于底层的传感器，或专注于上层的具体应用，做精做专做强，融入物联网产业生态。

而对于有实力的公司来说，进入物联网领域应以 IoT 平台为载体，以打造物联网生态圈，实现共创共生共融。我们知道，打造 IoT 平台是决胜物联网发展的制高点，它是汇聚产业生态的枢纽，如果以平台为抓手，可以把整个物联网产业做得更好。如今，产业各方围绕物联网平台加速布局。2015 年，华为首次提出了“1+2+1”物联网 ICT 战略，其中将 IoT 平台作为战略的重要组成部分；在 2016 年的全联接大会上，华为发布 OceanConnect IoT 平台，OceanConnect 是华为云核心网推出的以 IoT 联接管理平台为核心的 IoT 生态圈。基于统一的 IoT 联接管理平台，通过开放 API 和系列化 Agent（能够自主活动的软件或硬件）实现与上下游产品的无缝联接，为客户提供端到端的高价值行业应用，例如智慧家庭、车联网、智能抄表、智能停车、平安城市等。

构建生态圈是中兴通讯物联网发展的重点。中兴通讯于 2017 年 6 月发起成立了万物互联产业联盟，吹响了生态战略的号角。作为万物互联产业联盟的发起者，中兴通讯专注于网络连接的建设，重点聚焦于为产业提供随时随地连接的能力，提供灵活易用、安全可靠、低成本的连接方案，包括物联网有线无线的接入、IoT 模组和芯片、物联网 OS 以及 IoT 平台等。中兴通讯希望通过万物互联产业联盟，共享共建产业生态，与合作伙伴实现技术、产品、方案的一体化规划，共同推动物联网的健康发展。再如，苹果公司基于操作系统 iOS 多年建立的用户优势，推出 HomeKit 平台，联合飞利浦、霍尼韦尔和海尔等厂商进军智能家居市场。

电信运营商在物联网产业中处于产业链的网络连接环节，核心是提供网络连接服务。在物联网新一轮的浪潮中，电信运营商要想在物联网中发展，就必须立足大连接战略，积极向物联网上下游延伸，向上参与物联网芯片、模组的研发，向下参与物联网平台的行业竞争。对于电信运营商来说，要以连接管理平台、业务使能平台为重点，加强与产业链的合作，共建物联网生态圈。电信运营商需重点做好以下几方面工作。

一是打造产业联盟。目前，我国三大电信运营商都成立物联网产业联盟，如中国电信的“天翼物联产业联盟”，产业联盟在广聚合作伙伴、加强协同创新、技术创新、能力提升和生态凝聚方面正发挥着积极作用。二是建立开放实验室。中国电信、中国联通、沃达丰等都建立了物联网开放实验室，通过开放实验室吸引产业链合作伙伴，聚焦物联网重点技术和应用，进行联合研发和创新，从而加速产业链的成熟和发展。三是打造物联网开放平台，主要包括连接管理平台和业务使能平台。中国移动 2014 年推出自主研发的 OneNET 平台，向合作伙伴提供开放 API、应用开发模板、组态工具软件等能力，帮助合作伙伴降低应用开发和部署成本，打造开放、共赢的物联网生态系统。此外，通过平台的建设和运营，聚合行业应用领域的领军企业，促进终端、网络和平台的协同发展，从而为客户提供端到端的整体解决方案，这也是电信运营商构建物联网生态的重要策略。

物联网时代，生态战略是加快物联网发展、提升物联网竞争力的客观选择。在整合与被整合之间，企业需要找准位置，提升服务能力，与生态合作伙伴共谋发展。在推进物联网生态圈建设过程中，企业应以提升核心能力为重点，秉持开放的合作心态，共同打造物联网生态圈，一起做大、共同分享物联网行业发展带来的红利。

创新创业生态圈

2015年，“大众创业，万众创新”首次被写进政府工作报告，上升为国家战略，随即在全社会掀起了创业创新的热潮，越来越多的企业加入“双创”行列，各种创业孵化器、众创空间、创客平台如雨后春笋般不断涌现。如今，“双创”正成为推动我国经济发展和企业转型升级的新动能，为经济社会发展注入新活力。

2015年5月7日，国务院总理李克强走访北京中关村创业大街，先后参观3W咖啡、联想之星和创业会客厅，为互联网创业者鼓劲打气。“大众创业，万众创新”到了最好的时代。如今，“大众创业，万众创新”蓬勃发展。阿里巴巴、海尔、京东、腾讯、万科、中国电信等各行业知名企业竞相涌入，车库咖啡、创新工场、36氪等不同形态的众创空间在全国遍地开花，中关村创业大街、杭州梦想小镇、苏州金鸡湖创业长廊等众创空间聚集区加速形成，带动了“大众创业，万众创新”热潮。截至2017年年底，全国共有各类众创空间5500余家，全国科技企业孵化器超过4000家，创业孵化平台当年孵化的团队和企业数量超过50万。

海尔在“双创”方面走在了前列，也是打造创新创业生态的杰出代表。为适应互联网时代的发展，海尔早在2014年就提出“企业平台化，员工创客化，用户个性化”，吹响了海尔互联网转型的号角。海尔首创的“人单合一”模式是一种将市场、用户和员工紧密联系在一起，充分发挥员工的主观能动性，实行自由、自主型的经营管理模式，其核心是颠覆传统管理模式，建立共创共赢的新模式。在“人单合一”机制下，海尔只有平台主、小微主和创客三类，他们以并联生态彼此协作，从而自主地为用户提供产品。海尔的组织模式经历了从正三角到倒三角，再向平台化演变，现在完全变成了扁平化、去中心化、无边界化的组织。

海尔通过鼓励内部孵化、打造创客平台，打破大企业内部的固有层级，让员工从过去机械工作变为现在以创新为驱动，激发每个人的创造活力。海尔向互联网公司转型的一项重要内容就是打造创客平台，推进员工创客化。创客平台不仅面向企业内部，而且还对社会开放。海尔将世界变成海尔的研发部，越来越多的社会人员选择海尔平台进行创业。海尔为内外部创业者提供初创资金、系统、平台和渠道资源，支持小微创业，并积极开展与风险投资机构合作，为小微企业融资创造良好的环境。同时，海尔用“创客所有制”打破领导权威，让每位员工都成为创客，人人都是自己的 CEO，从而使企业从过去仅靠一个企业家的智慧求发展，转变为依靠群体企业家的智慧谋发展。在海尔，小微企业完全市场化运作，独立核算，拥有自主经营权、决策权和分配权。海尔可以是股东，占股可多可少，也可以不持股。小微公司可以引入战略投资者，独立于海尔体系，将来做好了海尔还可以将其回购。截至 2017 年 8 月，海尔平台聚集了 2246 个创业项目，汇聚合作风险投资机构 1333 家、创投基金 120 亿元，与开放的创业服务组织合作共建孵化器空间 108 家。海尔平台上有 200 多个创业小微、3800 多个节点小微和上百万个微店，有超过 100 多个小微店年营收过亿元，52 个小微店引入风险投资，其中 18 个小微店估值过亿元。

当前，海尔以互联网转型实现“自我颠覆”，目的是要变成一个平台型公司。毫无疑问，海尔创新创业是互联网转型的最佳实践，其成功经验的关键是构建创客平台、打造创新创业生态，值得我们每一家企业学习和借鉴。在“双创”的浪潮下，我国电信运营商积极推进“双创”落地。中国电信是我国最先开展双创的电信运营商。2012 年 3 月，中国电信在上海成立创新孵化基地，同年 5 月成立了天翼科技创业投资有限公司。中国电信“双创”坚持“基地孵化、天使投资、公司参股、员工控股”的模式，旨在寻找新的业务增长点、培养互联网人才和打造创新创业文化。2015年下半年起，中国电信创新孵化面向社会全面开放，并启动了全国孵化行动计划。2015年11月，中国电信张江创业基地正式成立。如今，中国电信已在上海张江、上海杨浦、浙江杭州、江苏苏州、江苏南京、四川成都建立了实体孵化器，主要面向社会招募优质创业项目。中国电信孵化基地自2012年3月成立以来，已成功征集1700多个项目，入孵175个创业团队，20个项目实现了公司化运作，5家创业公司引入外部资本。正是凭借在“双创”中的出色表现，中国电信于2016年5月正式入选国家级首批“双创”示范基地。

当前，我国电信运营商积极响应国家“双创”的号召，加大推进“双创”工作力度。总体来看，有成效，但也暴露了一些深层次的问题，主要表现在：一是创新创业成效不足，真正取得市场巨大成功的创新项目、好的产品、成功的创业公司还不多，创新创业尚处于起步阶段，还不能成为推动企业转型发展的新动能；二是创新孵化定位不准，服务能力不足，科学运营模式尚不健全，专业化水平不够，内部创新创业热情不再；三是创新创业平台影响力不大，汇聚创新创业要素的能力还不强，创新创业生态尚未形成；四是创新创业投入较大，运营成本较高，尚未形成持续发展的盈利模式；五是机制不活，市场化机制尚不健全，缺乏孵化、投资、转化等专业化人才队伍。

创新创业在打造业务生态、寻找新的业务增长点、增强企业创新能力、进一步激发员工创新活力方面具有重要的积极作用。对于我国大、中、小企业来说，要紧紧抓住国家大力倡导“大众创业，万众创新”、深入推进“互联网+”落地的机遇，以推动企业转型升级、打造良好的产业生态圈和寻求新的业务增长点为目标，加快推进企业创新创业平台的建设，积极营造良好的创新创业氛围，鼓励员工创新创业，真正使“双创”成为企业转型升级的新引擎。为此，要做到以下几点。

一是把握“双创”战略定位。在新时代，企业面临的机遇和挑战同在，企业搞“双创”应以打造对社会有影响力的“双创”品牌为目标，以互联网思维为指导，坚持平台型的战略定位，坚持专业化、垂直化的发展方向，办出特色，坚持“孵化＋投资＋服务”的孵化模式，切实推动“双创”政策落地和创新。

二是打造“双创”开放平台，构建“双创”生态体系。“双创”平台不仅对企业内部员工开放，让员工成为“创客”，而且要对社会开放，实现企业资源与创客项目的对接，发挥“互联网＋”推动创新创业的力量，通过开放整合社会资源，把社会力量变成企业的“研发部”和“人力资源部”；通过平台连接外部投资者、合作伙伴、风投机构、外部导师、政府和创业者，汇聚全社会创新创业资源，打造业务模式多样、核心资源独特、服务配套完善、线上线下结合、孵化和投资并重的开放式创新创业生态系统，为创业者提供低成本、便利化、全方位、开放式和专业化的综合服务，帮助创新创业者早日实现创业梦想，努力将“双创”平台打造成“大众创业，万众创新”的示范基地和创新创业者的聚集地。腾讯通过平台开放，经过近几年的发展，建立了由平台、创业者、用户相互伴生、开放共享的互联网生态系统，如今，腾讯已经成为中国最大的创业孵化平台。目前，腾讯开放平台上的开发者数量已达到500万，应用数量超过240万，平台上创业公司的总估值超过2000亿元。

三是把握双创规律，注重实效，真正将“双创”打造成为推动企业转型升级的新动力。做“双创”的根本目的是寻求新的业务增长点、打造业务生态圈和激发员工创新创业的活力。在实践中，不能停留在轰轰烈烈的形式上，更要注重实效，尤其要帮助创业者走向成功。这需要企业在选择创新创业项目时要把好关，在孵化投资上要学习私募基金和天使投资的灵活性，做好行业研究、创新创业项目选择和风险评估，投资市场有潜力的新创项目，不断提高投资的有效性和成功率，更好地对接外部资源，做好对创业的培育、指导和专业化服务。

四是创新运营机制，激发创新创业活力。立足于深化人力资源改革，鼓励更多的年轻人投入到“双创”大潮中，让各类人才竞相迸发；建立和完善有利于人才脱颖而出的激励机制，积极探索股权激励、成果转化激励、实施员工持股、破除人才流动制度障碍等举措，不断激发员工创新创业的热情，努力形成人人崇尚创新、人人渴望创新、人人皆可创新的良好环境；学习海尔创客所有制的经验，实现创业者完全市场化运作，真正对客户负责，而不是对领导负责；企业要加大对创新创业的成功典型的宣传力度，进一步营造尊重劳动、尊重知识、尊重人才、尊重创造的良好氛围，营造积极向上的创新文化，鼓励创新，支持创新，爱护创新，宽容失败，使创新创业者大胆创新，无后顾之忧。

如今，我们已进入创新创业最好的时代。“长风破浪会有时，直挂云帆济沧海”，站在新的历史起点上，我们要顺应“大众创业、万众创新”和智能互联时代的发展潮流，打造创新创业平台，完善创新创业生态体系，鼓励员工创新创业，以创新创业推动企业转型，实现企业永续发展。

工业互联网生态圈

党的十九大报告指出，“必须把发展经济的着力点放在实体经济上”。工业制造业是实体经济的主体，也是国民经济发展的核心，发展实体经济，就一定要把制造业搞好。我国经济要实现由高速增长向高质量发展的转变，制造业必须实现由中国制造向中国创造转变、由中国速度向中国质量转变、由中国产品向中国品牌转变。

我国的工业制造业经过改革开放 40 年的快速发展和努力追赶，工业产值规模占整个世界制造业的 20% 左右，制造业规模跃居世界第一位，而且我国已建成门类齐全、独立完整的工业化体系，早已成为全球制造业大国，被称为“世界制造业中心”，在高铁、航天、核电、信息通信等领域具有全球竞争力。虽然成就斐然，但是却面临着诸多挑战，长期以来制约中国制造业发展的大而不强、创新能力不足、产品竞争力低、核心技术缺乏等问题仍然存在，我国多数领域在技术创新、质量品牌、环境友好等方面还有待提高。制造业向数字化转型已迫在眉睫，如何拥抱互联网，拥抱新时代，加快发展先进制造业，成为中国制造企业竞相探索的转型之路。

二十年前，互联网仅仅作为一种信息传输渠道而存在，与整个实体经济几乎没有关系。近年来，在全球制造业正跨入数字化、网络化、智能化的大背景下，工业互联网受到关注。我国于 2015 年 5 月推出《中国制造 2025》，提出加强关键核心技术研发，推进制造过程智能化，深化互联网在制造领域的应用，搭建智能制造网络系统平台，以加快从制造大国向制造强国转变的进程。2017 年 11 月，国务院印发《关于深化“互联网 + 先进制造业”发展工业互联网的指导意见》，提出以全面支撑制造强国和网络强国建设为目标，围绕推动互联网和实体经济深度融合，聚焦发展智能、绿色的先进制造业，构建网络、平台、安全三大功能体系，增强工业互联网产业供给能力，持续提升我国工业互联网发展水平，深入推进“互联网 +”，形成实体经济与网络相互促进、同步提升的良好格局，有力推动现代化经济体系建设。《中国制造 2025》和《关于深化“互联网 + 先进制造业”发展工业互联网的指导意见》为我国制造业转型发展指明了方向。

随着大数据、传感技术、互联网技术、5G 与工业深度融合，人、机器、信息的联系呈现前所未有的紧密状态，一张巨大的网络正在被铺设。工业互联网、工业 4.0、智能制造、无人工厂等新兴概念正在重新定义制造业，我们正迎来全球工业的新一轮革命。

5G 的发展为工业自动化控制、物流追踪、工业 AR、云化机器人等工业应用领域提供重要的技术支撑，5G 能够满足工业设备互联和远程交互的应用需求，更好地推动工业制造企业向智能制造转型。

当前，中国制造产业也迎来最好的时代。中国制造业要紧紧抓住工业互联网兴起的历史机遇，顺应“互联网 +”趋势，加快工业与互联网技术的融合，积极推进工业互联网生态体系建设，提升制造业创新能力，从根本上实现中国制造产业的转型升级，不断提升国家整体国际竞争力。

概括起来，打造工业互联网生态重点从打造工业互联网平台、推进智能化制造、提升技术创新能力三个方面实现创新和突破。

打造工业互联网平台

工业互联网是通过 5G、物联网、大数据、人工智能技术，从生产流程、物流等多个环节对制造业价值链进行优化和再造，从而创造巨大的价值。当前，制造企业要实现数字化转型，就必须加快推进工业制造和互联网的深度融合，发挥“互联网 +”的力量，充分利用互联网连接客户，有效把握客户需求，实现由规模化生产向 C2B、C2M、C2F 大规模定制化转变；充分利用互联网开放的优势，有效对接内外部资源，实现价值整合。要实现这一目标，制造企业就必须打造工业互联网平台。

工业互联网平台作为工业智能化发展的核心载体，能够实现海量异构数据汇聚与建模分析、工业经验知识软件化与模块化、各类创新应用开发与运行，从而支撑生产智能决策、业务模式创新、资源优化配置、产业生态建设。工业互联网平台一般包括四个层次架构，如图 6-3 所示，即数据采集层、IaaS 层、PaaS 层和应用服务层，融合了移动互联网、云计算、大数据、物联网、5G、人工智能、区块链等现代信息网络技术，以开放的生态体系，帮助工业企业实现敏捷经营，促进生产方式变革，发展个性化定制、网络化协同制造等和服务型制造新模式，推动软件资源、制造资源、工业技术知识的开放、共享、共赢，促进产品质量、生产效率、经济效益与生产力的跃升。

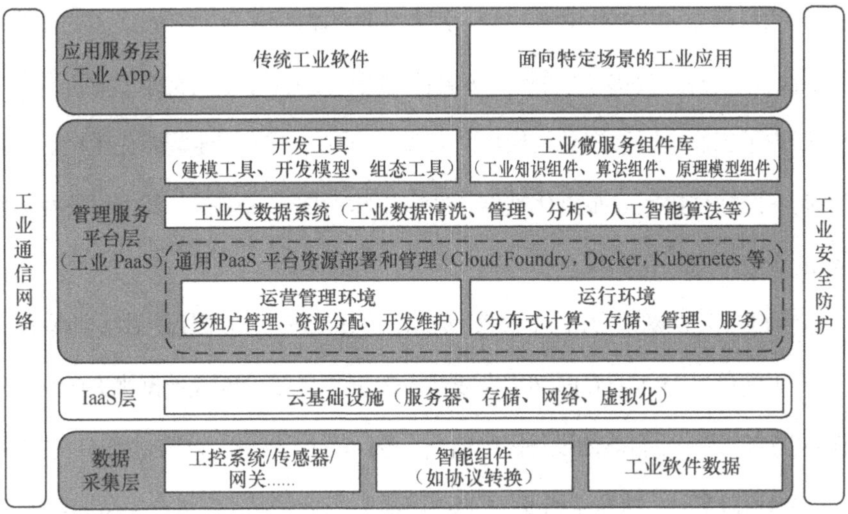

图 6-3　工业互联网平台架构体系

数据采集层主要是让尽可能多的设备可以方便地接入平台，采集海量数据，实现数据向平台的汇集。IaaS 层，是基于虚拟化、分布式存储、并行计算、负载均衡等技术，实现网络、计算、存储等计算机资源的池化管理，根据需求进行弹性分配，并确保资源使用的安全与隔离；PaaS 是工业互联平台实现核心功能的载体，向下可以承接海量异构数据、向上可以支撑各种工业应用的开发，核心是建设丰富的工业 PaaS 业务功能组件，包括通用类业务功能组件、工具类业务功能组件、面向工业场景类业务功能组件；应用服务层是面向内外部客户提供智能化生产、网络化协同、个性化定制、服务化延伸等各种工业互联网应用和服务（如工业 App），基于开放环境部署应用，面向工业各环节场景，是工业互联网平台服务的最终输出。

泛在连接、云化服务、知识积累、应用创新是判断工业互联网平台的四大特征。工业互联网平台是推进制造企业数字化转型、实现“互联网 + 先进制造业”的重要体现，能够帮助工业制造企业实现智能化生产和商业模式的创新。

如今，国家正大力推进和落实《中国制造 2025》，涌现出以徐工信息的 Xrea 平台、海尔 COSMOPlat 平台、用友软件的精智平台、红领集团的酷特智能平台、航天科工 INDICS 平台、树根互联根云平台等为代表的工业互联网平台，促进了工业全要素资源的聚集、共享、协同，不断加速智能化生产、个性化定制、网络化协同、服务化延伸等新应用和新模式的创新，基于工业互联网平台的产业生态正在形成。

谈到工业互联网平台，徐工信息、海尔、树根互联、红领集团的做法值得推广。

徐工信息 Xrea 工业互联网平台成功入选 2017 年工信部大数据优秀产品和应用解决方案，这一平台能为设备提供精准服务。基于云计算、大数据和 AI 等技术，Xrea 平台可以实时、精准监测设备的运行情况，从而为设备提供全生命周期服务、预测性维护服务和创新商业模式等三大核心价值。徐工信息重点打造行业领先的 Xrea 工业物联网平台，上接应用，下接数据，支持多种协议和广泛的终端接入，同时通过 SDK/API 为开发者提供更加开放的开发环境，其工业数据的采集、分析、应用是关键。目前 Xrea 平台累计接入设备数量超 45 万个，连接数据种类超 7000 种，设备种类超 1000 种，覆盖全球 20 多个国家。面向各行业客户，Xrea 平台提供定制化工业 App，满足跨行业应用场景，助力国家百万企业“上云”行动。

Xrea 不光是一个平台，更是一个开放的生态体系。徐工信息以开放的心态，与产业链合作伙伴共同推动产业进步，目前生态伙伴达到 300 余家，赋能装备制造、新能源、军工、农牧业、风电、光缆、核心零部件制造等多个行业领域。

树根互联由三一重工物联网团队创业组建，是独立开放的工业互联网平台企业。2017 年年初，树根互联联合工业“巨头”发布全新行业根云 RootCloud 平台，全面推动“互联网 + 先进制造业”的行业生态建设。根云平台重点面向设备健康管理，提供端到端的工业互联网解决方案和服务。

根云平台主要具备三方面功能：一是智能物联，通过传感器、控制器等感知设备和物联网络，采集、编译各类设备数据；二是大数据和云计算，面向海量设备数据，提供数据清洗、数据治理、隐私安全管理等服务以及稳定可靠的云计算能力，并依托工业知识经验构建工业大数据工作台；三是 SaaS 应用和解决方案，为企业提供端到端的解决方案和即插即用的 SaaS 应用，并为应用开发者提供开发组件，方便快速构建工业互联网应用。

树根互联凭借深厚的工业基因和先进的互联网技术实现了厚积薄发的快速发展。根云平台发布短短一年多来，覆盖多达 42 个细分行业，已接入高价值设备 40 万余台，采集近万个参数，连接数千亿资产，为客户开拓超百亿元收入的新业务，并能够有效支持 45 个国家和地区的设备接入。

我们再看看海尔。智能制造的核心就是大规模定制。2016 年 3 月，海尔率先发布具备自主知识产权、支持大规模定制的互联网智能制造解决方案平台 COSMOPlat，COSMOPlat 平台的本质就是一个以用户为中心的定制平台。海尔通过开放、互联、可视这一平台，真正让用户全程参与到产品的研发、设计、生产等环节中，用户既是产品的生产者，又是产品的消费者。同时，COSMOPlat 平台把智能技术、智能工厂和单个用户连接起来，这个网络还可以扩展到供应商层面。在 COSMOPlat 平台上，用户可以自己定义自己所需要的产品，在形成一定规模需求后，就可以通过海尔互联网工厂实现量产。目前，海尔已在全国各地建成了 8 座基于 COSMOPlat 平台的大型互联工厂。

工业互联网平台是“互联网 +”发展的必然趋势，是推动制造业产业模式和企业形态实现颠覆性创新的根本所在，它连接各种机器设备、合作伙伴和客户，运用大数据、云计算、人工智能等技术，最终实现互联网在工业领域的应用，为用户提供各类端到端的定制化开发的智能化工业应用和解决方案。

推进工业互联网生态建设，打造强大的工业互联网平台是关键，同时应依托工业互联网平台，深化制造业与互联网融合发展，实现我国工业制造业跨越式发展。

智能化制造

2014 年 4 月，AT&T、思科、通用电气、IBM 和英特尔在美国波士顿宣布成立工业互联网联盟，以期打破技术壁垒，促进物理世界和数字世界的融合，加快设备互联、智能分析在全球的广泛应用。

“互联网 +”的兴起、物联网和人工智能的快速发展意味着第四次工业革命的到来。新一轮工业革命核心是智能制造，客观要求工业制造企业要把握数字化、网络化、智能化融合发展的契机，推动互联网、大数据、人工智能和实体经济深度融合，实现生产制造各环节协同和数据共享，重塑企业运营模式和制造模式，推动工业企业向效率更高、更精细化制造的方向发展。

推动制造运营的互联网化。将互联网与计算智能、柔性制造相结合，实现产品生产的可定制化；利用云计算将分散的资源共享到云服务平台，实现制造资源的按需供应和产品的互联互通；利用物联网技术，可以实现企业智慧生产，改善供应链管理，可以实时监测企业的整个生产过程等各个方面，做到管控可视化；在制造流程中实现工业互联网与人工智能技术紧密结合，利用机器学习、模式识别、认识分析等算法模型，以网络技术实现对制造过程的智能化控制，完成从传统制造向智能制造的转变，全面提升制造品质、制造效率和制造企业系统管理能力；制造企业通过数字化技术、物联网技术、信息技术和 5G 技术，实现机器设备之间的互联互通，打造智能工厂，实现制造单元相互联动、协同生产，能根据工厂动态生产情况实现不同工序流程环节的组织优化；能够对整个产品需求、生产制造、物流配送和售后服务等链条中捕捉到的数据进行实时分析，实现制造全链条可视化监测和管理，实现灵活协同；能够为终端客户提供高度定制的产品和服务，而且在发生故障时，系统将自动发送警告并协助处理；利用互联网技术提升企业管理水平，实现内部信息化，实现企业内部流程数字化，打造智能企业，以高效办公体系、快速市场反应机制，提高内部运营管理效率。

海尔率先建成全球首个家电行业智能互联工厂——沈阳冰箱工厂，通过打造自动化、智能化生产线，搭建信息化、数字化信息系统，率先形成企业与用户需求数据无缝对接的智能化制造体系，实现内外互联、信息互联、虚实互联，在数据实时共享的基础上实现智能生产，每 10 秒下线 1 台冰箱，产品生产效率远超行业其他企业。

海尔通过上线“U+App”，实现对产品生产全流程的可视化，不仅在产品的生产过程中，在物流信息、安装服务等方面均能实现信息节点的可视化。可以说，你不管什么时候想了解产品或服务的进展，都可以随时获得，真正消除时间与地域的限制。

《中国制造 2025》和《关于深化“互联网 + 先进制造业”发展工业互联网的指导意见》都将制造业智能化作为未来产业发展的重要方向，随着“互联网 + 先进制造业”深入推进，传统制造企业借助移动互联网、云计算、大数据、物联网等新一代信息技术，加快互联网和工业的融合，通过改变原来的产品研发、生产方式和管理模式，有效推动企业的网络化、数字化、智能化转型，这对提升我国工业制造企业的综合竞争力具有重要意义。

提升技术创新能力

当前，我国正抓住“互联网 +”发展的历史机遇，围绕核心标准、技术、平台加速布局工业互联网，积极推进工业互联网生态建设，加速工业制造企业的数字化转型，在框架、标准、测试、安全、国际合作等方面取得了初步进展，成立了汇聚政、产、学、研的工业互联网产业联盟，涌现出海尔、华为、红领集团、格力、航天科工等许多有实力、有影响力的大企业，它们在打造工业互联网生态方面开展了卓有成效的探索，取得了积极的进展。但与发达国家相比，我国工业制造总体发展水平及现实基础仍然不高，重大原创性成果缺乏，工业母机、装备制造、高端芯片、基础元器件、基础材料等瓶颈突出……关键核心技术受制于人的局面没有根本性改变，标准体系不完善，企业数字化网络化水平有待提升，缺乏“龙头”企业引领，缺乏高端顶尖人才，与建设制造强国和网络强国的要求仍有较大差距。

当前，加快建设和发展工业互联网，推动互联网、大数据、人工智能和实体经济深度融合，发展先进制造业，其核心是技术创新，没有工业制造的技术创新，工业互联网也只是空中楼阁。2018 年 4 月发生的“中兴事件”给我们的最大启示和反思就是关键核心技术必须实现自主掌控，应把创新主动权、发展主动权牢牢掌握在自己手中。

党的十八大报告提出：“科技创新是提高社会生产力和综合国力的战略支撑，必须摆在国家发展全局的核心位置。”党的十九大报告提出：“创新是引领发展的第一动力，是建设现代化经济体系的战略支撑。要瞄准世界科技前沿，强化基础研究，实现前瞻性基础研究、引领性原创成果重大突破。加强应用基础研究，拓展实施国家重大科技项目，突出关键共性技术、前沿引领技术、现代工程技术、颠覆性技术创新，为建设科技强国、质量强国、航天强国、网络强国、交通强国、数字中国、智慧社会提供有力支撑。”

2018 年 5 月 28 日，习近平总书记在两院院士大会上发表了重要讲话：“关键核心技术是要不来、买不来、讨不来的。只有把关键核心技术掌握在自己手中，才能从根本上保障国家经济安全、国防安全和其他安全。”“在关键领域、‘卡脖子’的地方下大功夫，集合精锐力量，做出战略性安排，尽早取得突破”。“要以智能制造为主攻方向推动产业技术变革和优化升级，推动制造业产业模式和企业形态根本性转变”等重要论述在全社会引起广泛反响，企业纷纷表示要按照习近平总书记指明的方向和要求，深刻把握科技创新发展大势，瞄准世界科技前沿，勇做新时代科技创新的排头兵，用实际行动为建设世界科技强国贡献力量。

科技是第一生产力，技术创新是企业持续发展的根本保障。工业互联网为我国工业制造企业转型发展创造了难得的机遇，建立在拥有核心工业技术基础上的互联网化融合和创新，才能为打造良好的工业互联网生态奠定坚实的基础。

谈到技术创新，一定要说说华为，华为可谓是我国自主创新的典范。华为在 2013 年首度超越爱立信成为全球第一大通信设备制造商，2017 年华为实现业务收入 6036 亿元，同比增长 15.7%。华为智能手机近几年发展更为强劲，2017 年智能手机全球出货量达到 1.53 亿部，成为中国领先的智能手机制造商，在全球智能手机销量排行榜上位居第二位。华为之所以取得巨大成功，一个重要原因就是对技术孜孜不倦的追求，华为靠着自主研发的海思芯片打破了高通垄断，在专利领域的厚积薄发让华为智能手机快速崛起。立足科技创新，华为在核心网络、LTE、5G 等方面具有全球领先优势，华为专利申请量位居世界第一，2017 年年底，华为累计获得 7.4 万件专利，上榜 2017 年世界最具创新力企业 TOP50。推动华为技术创新硕果累累的关键因素是其不断加大研发投入，如图 6-4 所示。2017 年华为研发投入达到 897 亿元，占销售收入的比例达到 14.9%，持续的研发投入使华为始终保持技术的全球领先。

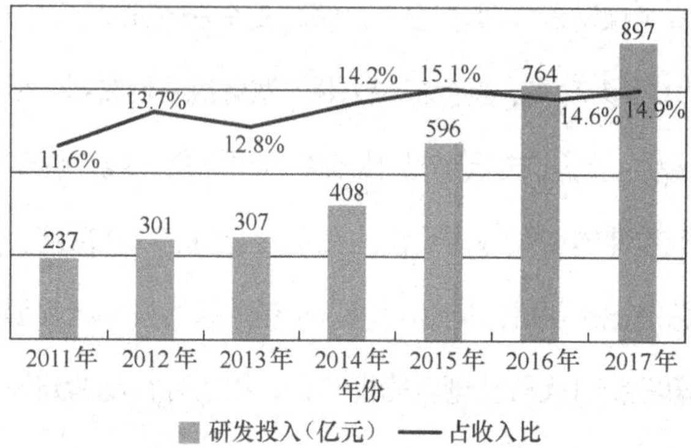

图 6-4　2011—2017 年华为研发投入情况

从长远发展来看，一个国家的经济强盛，一个企业核心竞争力的打造，最终依赖于拥有自主知识产权的核心技术。因此，技术自主创新应该成为我国经济发展以及企业持续发展的最终目标和努力方向。从北斗导航到深海探测，从天宫、蛟龙、天眼、悟空、墨子、大飞机等重大科技成果相继问世，到高铁、核电等中国装备走向世界，如今我国科技进步贡献率大幅提升，2017 年达到 57.5%，创新能力跃升到世界第 17 名，也是前 20 名中唯一一个中等收入的国家……可以说，国产手机迅速崛起的重要原因是自主创新能力不断提升。以华为、小米、vivo、OPPO 为代表的中国智能终端产业集群跻身全球前列，全球市场占有率超过 50%。技术创新促进了国产手机厚积薄发，如今，国产手机在操作系统、硬件、设计等方面都取得了长足的进步，核心芯片、关键器件的国产化缩小了与国际先进水平的差距，国产手机持续向中高端迈进，打破了国外产品对智能手机市场的垄断局面，提振了人们对国产品牌的信心。

工业互联网作为新一代信息通信技术与工业制造深度融合形成的网络基础设施，已经成为工业创新转型的关键依托，这对于推动工业数字化、网络化、智能化发展和保障产业安全发展意义重大。如今，我国正加快 5G、IPv6、人工智能、软件定义网络、区块链等技术攻关和在工业互联网中的应用研究，且在5G和人工智能等方面有望引领全球，要发挥互联网和工业制造的深度融合，只有整合工业和互联网两大技术优势，才能打造国际领先的工业互联网，形成实体经济与网络相互促进、同步提升的良好格局，有力推动现代化经济体系建设。

当今世界，科学技术的迅猛发展，面对的环境变化日趋复杂，企业要立足，要发展，就必须不断地推动自身技术的创新，由跟跑向并跑、领跑迈进，实现企业在技术、资本、人才、机制、文化等方面的突破，积极拥抱互联网时代来临之后各种模式的变化，千万不能忽视技术创新，否则必将为此付出高昂的代价，企业必将失去持续发展的动力。

红领模式：服装制造业的生态逻辑

青岛红领集团是一家主要做西服的个性化定制的企业。在互联网时代，红领在“互联网 + 服装定制”领域进行探索，凭借着新型互联网商业模式，走出了自己的个性化定制的C2M模式，实现了互联网与工业化的深度融合，将红领集团打造成一个C2M的智能工厂。

很显然，红领集团在“互联网 + 制造业”领域走在了时代的前列。当互联网行业处于快速发展的时期，红领集团创始人张代理着手建立数据库，用了10多年时间，投入2.6亿元，建立了自己的数据库系统，并推出订单提交、设计打样、生产制造、物流交付于一体的面向终端消费者的红领个性化定制平台，真正让用户参与产品的设计。

正是基于这一定制化平台，红领集团充分运用互联网和大数据建成了全程数据驱动的智能工厂，实现了个性化定制的大规模工业化生产。消费者可以通过魔幻工厂手机App直接在网上下单，自主选择设计元素，将自己的量体数据输入后就可实现个性化定制。消费者自己在终端设计完衣服后，工厂7个工作日就可以交货，且每件衣服都不一样。红领集团C2M模式具有如下特点。

第一，打造定制化平台。为推进个性化定制，红领开发一个定制直销平台——魔幻工厂手机App，以红领的服装定制为切入点，先吸引用户使用这个平台，积累平台流量，平台对其他制造企业开放，允许其他制造企业接入，获得用户的订单。

第二，数据驱动的智能工厂。红领集团从前端用户需求的采集到需求传递、需求的满足全部通过数据驱动。任何一项数据的变动都能驱动其余9000多项数据的同步变动。在红领，每一套衣服都有一张“身份证”。

第三，直接面对消费者。红领集团的C2M模式能够取消所有的中间渠道，直接面对消费者，满足消费者个性化需求，能够让更多的人享受以前只有少数人才享受的定制服装服务。在红领集团，每位员工都自发地围绕消费者需求开展工作，由于直接面对消费者，避免了传统渠道的层层加价。

第四，实现零库存。红领集团实行定制化服务，“先付款，再生产”是红领集团的一大特点，红领流水线上的每一件衣服其实都已经销售出去，这样解决了现金流问题，实现了真正的零库存，节约了大量成本。

从2003年开始转型做定制化服务，经过10多年的探索，投入数亿元资金，还专门成立了酷特智能公司，创造了一种叫作SDE（Source Data Engineering）的“互联网＋工业”的整套解决方案，红领集团终于从一家传统的批量生产服装厂蜕变为以数据驱动的大规模定制工厂，不仅做到了一人一款、一人一版的个性化定制，而且通过先卖后做实现零库存，解决了服装行业最头疼的库存积压问题。现在红领每天能生产2000套定制西装，成本只有批量生产的1.1倍，收益却能达到2倍以上。客户从下单到收到成衣，只需7天时间。同时，为适应商业模式转型，红领集团实行了去部门化、去领导化、去科层化的扁平化组织架构，砍掉了 80% 的中层管理者，工人减少了 30%，效率提升 20%。

工业制造业是国之重器。时代在进步，科技在发展，市场在变化，如今，中国制造业发展面临着工业互联网浪潮兴起的新的发展机遇，为了实现中国从制造大国迈向制造强国，中国制造企业必须加快推进“数字化、网络化、智能化、自动化”的进程，以工业互联网平台为载体，以掌控核心技术立足市场，以“互联网 +”思维实现制造业跨越式发展，未来我国必将涌现出更多像华为这样具有世界一流工业制造水平的全球性公司。

人工智能生态圈

2016 年初，谷歌旗下的人工智能围棋机器人 AlphaGo 战胜韩国九段棋手李世石后，全社会掀起了关注人工智能的热潮。人工智能从科幻小说走入人们日常生活，带来全新的生活方式与商业浪潮。

当前，人工智能产业发展已上升到国家战略高度，人工智能成为最受关注的战略性新兴产业之一。我国人工智能产业要实现引领式发展，就必须掌控人工智能关键环节，积极打造人工智能生态圈。

人工智能生态正在形成

当前，新一轮科技革命和产业变革正在萌发，大数据的形成、理论算法的革新、计算能力的提升及网络设施的演进驱动人工智能发展进入新阶段。人工智能要获得突破性发展，需要行业各方共同努力。人工智能行业生态主要包括政策、技术、市场需求、行业发展等内容，从近几年人工智能产业的发展来看，良好的人工智能行业生态正在形成，人工智能将迎来爆发式增长。

第一，从政策来看，国家给予大力支持。近年来，国家出台了相应政策支持和鼓励人工智能的发展。2015 年 7 月，国务院出台《关于积极推进“互联网 +”行动的指导意见》，首次提出培育发展人工智能产业，并将人工智能列为11项重点行动之一；2016年3月，发展人工智能产业被写入“十三五”规划；2017 年 3 月，人工智能首次写入政府工作报告。2017 年 7 月，国务院印发《新一代人工智能发展规划》，提出“三步走”战略目标，宣布在 2030 年抢占人工智能全球制高点。2017 年 10 月，习近平总书记在党的十九大报告中提出，“加快建设制造强国，加快发展先进制造业，推动互联网、大数据、人工智能和实体经济深度融合”，充分体现了国家对人工智能发展的高度重视。2017 年 12 月，工业和信息化部发布《促进新一代人工智能产业发展三年行动计划（2018—2020）》，推动新一代人工智能技术的产业化与集成应用，加快推进人工智能产业和各类产业的融合，重点发展智能网联汽车、智能服务机器人等高端智能产品，夯实核心基础，提升智能制造水平，促进人工智能产业快速发展。

第二，从市场需求来看，市场需求旺盛，应用广泛。随着智能技术的不断发展，几乎在所有行业都能看到人工智能（AI，Artificial Intelligence）的应用，AI 正成为产业升级的新风口。如今，AI 已经在汽车、医疗、安防、金融、教育、移动支付、可穿戴设备等领域得到应用。例如，在金融领域，中国工商银行引入智能客服机器人“江小智”，主要提供各类业务咨询、自助查询等业务；阿里巴巴、京东应用人工智能技术开起了无人便利店，积极探索电商零售的智能化，扫手进店，不用排队，不用结账，给人留下了深刻的印象，也引起了市场巨大轰动；应用人工智能技术辅助医生进行远程 CT 影像会诊，可以使医疗资源得到有效利用，而且成本更低，耗时更短；在制造业领域，人工智能将优化整个生产，推动机器人智能制造的发展；近年来，随着人工智能等技术在汽车行业、交通领域的延伸与应用，无人驾驶在世界范围内受到了产学界甚至国家层面的密切关注，并进行实质性试验，预计2020年投入商用；随着语音识别技术的突破，人工智能在速记、翻译中逐步得到应用……AI的应用正深刻改变和影响我们的学习、工作、生活。但更为重要的是，AI技术与IoT、区块链等技术的结合，必将给我们每个人的工作、生活、学习带来巨大的影响。推动AI技术的应用规模化，将会使其赋能更多的产品和产业，发挥更大的价值。未来，万物都会像人一样去学习、思考，未来人工智能将解决人类很多不能解决的问题，但面对机器智能，人类仍然是主导者、控制者。

第三，从技术发展来看，人工智能关键技术实现了突破。人工智能技术主要包括机器学习、知识图谱、自然语言处理、人机交互、语音识别、视频解码、生物特征识别和AR/VR等技术。自1956年约翰·麦卡锡提出“人工智能”概念以来，经过60多年的发展，人工智能技术不断实现突破，不断成熟。这些主要表现在：移动互联网、大数据、物联网等技术的发展，是推动人工智能技术创新和发展的重要力量；计算机运算能力的提升，如中国“神威太湖之光”每秒运算达3万多亿次，排名世界第一；深度学习、计算机视觉、自然语言理解、生物特征识别等技术的突破，使得人机交互、人脸识别、虹膜识别、指纹支付、无人驾驶等成为可能；深度神经网络技术在机器学习应用方面取得了突破性进展；人工智能芯片得到发展和突破，如今人工智能芯片正由CPU/GPU/FPGA向ASIC专用芯片迈进等。人工智能技术的快速发展，是推动人工智能爆发式增长的重要力量。

第四，越来越多公司加入人工智能领域，积极抢占人工智能生态的突破口。2016年3月，谷歌开发的机器人AlphaGo以4:1的绝对优势打败顶尖围棋选手李世石九段，掀起了人工智能浪潮。2016年9月，IBM、微软、谷歌等科技巨头宣布成立人工智能联盟，纷纷布局人工智能领域，抢夺市场。国内外科技“巨头”无一不在重点布局人工智能，包括苹果、Facebook、谷歌、亚马逊、微软、IBM、百度、阿里巴巴、腾讯等。

同时，国内互联网“巨头”也纷纷发力人工智能领域，抢占市场入口。在AI领域，百度布局最早，阿里巴巴紧随其后，腾讯最后入场。百度最早在2013年就成立了人工智能实验室，2014年9月与宝马合作开展无人驾驶技术研究和开发，2015年年底，百度宣布成立自动驾驶事业部，2016年9月，发布百度大脑，2017年7月，推出智能语音交互系统DuerOS和Apollo自动驾驶平台，2018年年初，搭载了Apollo2.0系统的百度无人驾驶汽车开始在美国加州公路上进行三级和四级无人驾驶汽车测试。如今，百度研发的无人驾驶汽车已经上路，基于DuerOS、Apollo开放平台，聚焦汽车、家居等场景，大力拓展智能应用市场。

其实阿里巴巴很早就开始将人工智能运用在电商、物流等零售服务业务体系中，“店小蜜”“鲁班”“天巡”都是近年来阿里巴巴推出的人工智能新产品；2016年，阿里巴巴成立阿里人工智能实验室；2017年9月，基于阿里云的ET人工智能技术建立了杭州城市“大脑”，对整个城市进行全局实时分析，自动调配公共资源，修正城市运行中的Bug。阿里云ET城市“大脑”是目前全球最大规模的人工智能公共系统。

腾讯进入AI领域较晚，2016年，腾讯才开设了人工智能实验室AI Lab，专注于人工智能的基础研究与应用探索。近年来腾讯也加快了追赶步伐，加快应用类人工智能产品开发，如智能语音产品“腾讯云小微”；2017年11月，腾讯建立了优图AI开放平台，实施“超级大脑”战略，全面落地“AI In All”。腾讯加大人工智能在医疗和翻译等领域的应用，推出了名为“腾讯觅影”的人工智能辅助诊影像产品，已在中国近100家医院投入使用，该产品对食道癌诊断的准确率达到90%以上。在无人驾驶方面，腾讯也开始涉足，2018年4月12日，腾讯和长安汽车签署合作协议，将提供智能车联网整体方案。2018年5月14日腾讯获得深圳交警颁发的第一张自动驾驶路测牌照。

除了大公司积极布局人工智能领域外，也涌现出科大讯飞、旷视科技、商汤科技、思必驰和图灵机器人等创新企业。如科大讯飞以语音交互技术起家，从感知智能拓展至认知智能领域，科大讯飞是我国在人工智能领域最为成功的企业代表之一；旷视科技坚持自主研发、自主创新，以人脸识别技术以及计算机视觉技术为核心的产品解决方案在国际范围内都处于领先地位，其自主研发创新的人工智能引擎Megbrain的核心技术已被AlphaGo引用。大疆创新作为无人机领域的“霸主”，将计算机视觉与机器学习技术引入消费级无人机；在AI芯片领域，地平线机器人推出了嵌入式人工智能视觉芯片，可广泛用于智能驾驶、智慧城市、智能商业等场景。搜狗以输入法积累的数据为基础，利用深度学习算法，打造语音识别和机器翻译，应用前景广阔。滴滴出行于2015年5月成立人工智能研究院，布局智能交通、数据挖掘和图像识别等领域。

第五，人工智能行业发展迅猛。随着人工智能在智慧家庭、智慧城市、物联网等领域的应用不断深入，我国人工智能产业发展迅猛，产业规模不断扩大。2017年中国人工智能核心产业规模超过700亿元，预计到2020年，中国人工智能核心产业规模将超过1600亿元，年复合增长率将达31.7%，2030年我国人工智能核心产业规模将超过1万亿元，带动相关产业规模超过10万亿元。随着万物互联时代的到来以及人工智能技术的不断发展，人工智能产业必将迎来更大的发展浪潮。

第六，资本的介入使人工智能发展如虎添翼。观察近20年先进技术从研发到应用的进程，可以发现，资本在新技术市场化的过程中起着至关重要的作用，单纯的技术研发在受到资本市场关注后，会产生超出想象的进展，例如苹果的 Siri、谷歌的自动驾驶及 AlphaGo，都是一开始由小团队进行研发，被大公司关注、收购并注入新资源后，取得了突破性的进展。随着社会资本的关注，越来越多的人工智能技术应用以超出以往的增长速度在市场上出现。根据 PitchBook 的统计数据，人工智能和机器学习领域 2017 年获得的风险投资金额超过 108 亿美元，比 2016 年的 57 亿美元增长了近一倍。截至 2017 年年底，我国拥有的人工智能企业超过 2000 家，人工智能市场如火如荼。

综上分析，人工智能经过 60 多年发展已经取得重大进展，人工智能生态正在形成，必将进一步推动人工智能更快更好地发展，但总体上目前人工智能还处于发展的初级阶段。可以预见，人工智能必将引领新一轮的科技革命，未来发展前景更为广阔。

把握人工智能发展的核心要素

从产业链角度分析，人工智能可分为技术层、基础应用层和方案集成层。技术层主要是关键硬件和算法模型，这是人工智能发展的基础。随着物联网技术的深化，传感器数量呈爆发式增长，为数据收集提供了保障。GPU 芯片发展已相对成熟，提高了数据运算能力；同时，算法模型的优化为数据训练提高了效率，这都为技术支持层的发展提供了源源不断的动力。基础应用层是在硬件和基础算法之上，形成的感知、深度学习等基础应用技术，是现阶段人工智能应用发展的重点领域，我国的语音识别、语义理解、自然语言处理技术已处于世界先进水平。方案集成层是在基础应用层的基础上与下游行业深度结合，发展行业化智能应用，实现“AI+”战略，应用场景广阔，市场规模巨大。

从人工智能产业链来看，涉及内容很多，对于进入人工智能领域的企业来说，顺应人工智能发展趋势，把握人工智能发展规律，找准定位，这是关键。任何一个企业不可能提供全产业链服务，因此，进入人工智能的企业应重点做好以下几个方面工作。

一是坚持开放，打造平台。随着移动互联网、物联网、大数据、云计算的快速发展，人工智能应用的领域越来越广泛，人工智能的平台化特征越来越明显。这从谷歌自动驾驶技术的研发就可以看出端倪，谷歌自动驾驶技术的实现方式实质是谷歌搜索引擎平台大规模数据处理在特定领域的实际应用，其重要的技术环节是在后台整合了大量驾驶数据、道路数据，实现了针对特定驾驶任务的数据及相关决策支持。IBM 的沃森系统更具备平台特征，通过开放 API 获取更多不同行业的数据，进行行业自学习能力的培养，之后通过认知计算架构整合各行业数据，为特定应用提供更加准确的认知服务。

百度为了打造人工智能生态圈，逐步开放 AI 平台。2016 年百度世界大会上，百度发布了“百度大脑”，完成了基础能力搭建和核心技术初步开放；2017 年百度 AI 开发大会上，百度全新开放了视频、语音、AR/VR、机器人视觉、自然语音处理五大类 14 项全新能力，AI 核心能力开放达到 60 多项；2018 年，百度 AI 开发者大会上，百度宣布“百度大脑”升级为“百度大脑 3.0”，其核心是多模态深度语义理解，同时开放 110 多项 AI 能力。可以看出，“百度大脑”在不断开放，持续降低 AI 应用门槛，让越来越多的行业和企业变得越来越智能，通过 AI 提升效率，创造新价值。如今，“百度大脑”每天被调用次数超过 4000 亿次。

2017 年 7 月国家颁布的《新一代人工智能发展规划》也正是抓住开放平台这一核心。2017 年 11 月，科技部正式公布首批国家新一代人工智能创新开放平台，包括依托百度的自动驾驶平台、依托阿里云的城市大脑平台、依托腾讯的医疗影像平台和依托科大讯飞的智能语音平台。

为了实现以数据为核心的生产资料和面向人工智能的社会化生产工具的形成，行业必须要构建一个既开放，又能客观评价生产者价值的平台，这个平台必须满足有利于数据开放及共享、面向数据认知及表达、方便智力活动生产三大主要条件。如今，通过开源和开放，AI 正在加速渗透到经济社会的各个领域中，给各行各业带来全新的变化。

二是把握人工智能产业链的关键环节，做精，做深，做透。人工智能涉及的技术、产业十分广泛，一家企业要想立足于蓬勃发展的人工智能产业，找准定位十分关键，就要做到“有所不为才能有所为”。科大讯飞之所以在人工智能市场一骑绝尘，就是因为科大讯飞专注于语音技术，如今，在语音识别、合成以及机器翻译等领域，科大讯飞在全球竞争中处于领先地位，这与科大讯飞加大研发投入是分不开的。科大讯飞的研发投入占销售收入的比重达到 25%，公司在做强语音技术的基础上，逐步向认知智能方向转变，如今科大讯飞市值超过 1000 亿元。出门问问专注于自然语言处理、语音识别技术，针对用户需求，重点开发个人助手应用，向用户提供类似私人助理的服务体验。图灵机器人专注于“让机器理解世界”，提供语义平台和场景定制化方案，让人工智能落实到具体场景，赋能开发者和厂商，重点聚焦聊天机器人、客服机器人、儿童服务机器人等机器人领域及智能语音应用产品的研发。无疑这些新兴人工智能企业都是选择产业链的核心环节，聚焦和专注是这些企业取得市场认可的关键。

三是力争在芯片、标准等方面实现超越。在人工智能领域，我国在自然语言处理、图像和语音识别技术、机器人等方面在世界处于领先地位。人工智能芯片是人工智能的核心，也是我国核心竞争力之痛。我们要吸取“中兴事件”的深刻教训，努力掌控人工智能芯片。人工智能目前进入 AI 赋能行业的发展阶段，需求呈现爆发式增长，AI 芯片正处于从 CPU/GPU/FPGA 向 ASIC 专用芯片转化的阶段。相比前三者，ASIC 专用芯片的计算能力更强，能耗更低。不同于已经高度垄断的传统芯片市场，在 ASIC 芯片这块新兴市场上，尚未出现无法挑战的“巨头”公司。中国芯片在设计、制造、封测三大产业链环节均落后于世界先进水平，部分领域甚至跟发达国家有 10 ~ 20 年的差距，这让中国芯片领域过分依赖进口。我国要实现人工智能弯道超车，就必须在人工智能芯片上实现创新和突破。如今，人工智能芯片正向 ASIC 转移，这是一块新的战场，也是中国芯片的机会，希望国家、社会对扎根于芯片领域的企业（如寒武纪、地平线等）给予大力支持，以抢占全球人工智能产业的制高点。

随着人工智能技术在全球升温，人工智能标准正在成为各国争夺的焦点。过去的很多年，我国在前沿技术标准的制定上没有太多的话语权，常常陷入受制于人的被动局面。随着我国技术创新水平的不断提升，为了能够抢得先机，目前我国正在加快人工智能标准的制定，要充分发挥中国人工智能产业发展联盟（AIIA）的力量，汇聚产业各方的优势资源，集中力量办大事，尤其是人工智能企业要加大研发力度，力争在专利标准等方面摆脱受制于人的局面，推动我国 AI 标准“走出去”，不断提升我国在人工智能国际标准上的影响力和话语权，助推中国人工智能产业健康快速地发展。

客观地说，我国在人工智能领域发展基本与世界同步，在语音识别等领域处于领先地位。如今，人工智能已上升为国家战略，在人工智能这个风口下，要想在人工智能领域有更大的作为，就必须以打造人工智能生态为目标，加强产业合作和创新合作，提升自主创新能力，共同推动人工智能新技术、新产品、新业态发展。包括 BAT 在内的企业进入人工智能领域，要有紧迫感、危机感、责任感，要以牢牢把握人工智能的制高点为目标，加速推进人工智能在各领域的规模应用，真正使人工智能成为经济转型升级的新动能。人工智能正处于难得的发展机遇期，但也面临巨大的挑战，如人工智能安全问题日益凸显、高端人才短缺、核心和共性技术尚未突破。我国要在人工智能领域实现超越，还有很长的路要走！

第七章

跨界融合：生态战略的方式

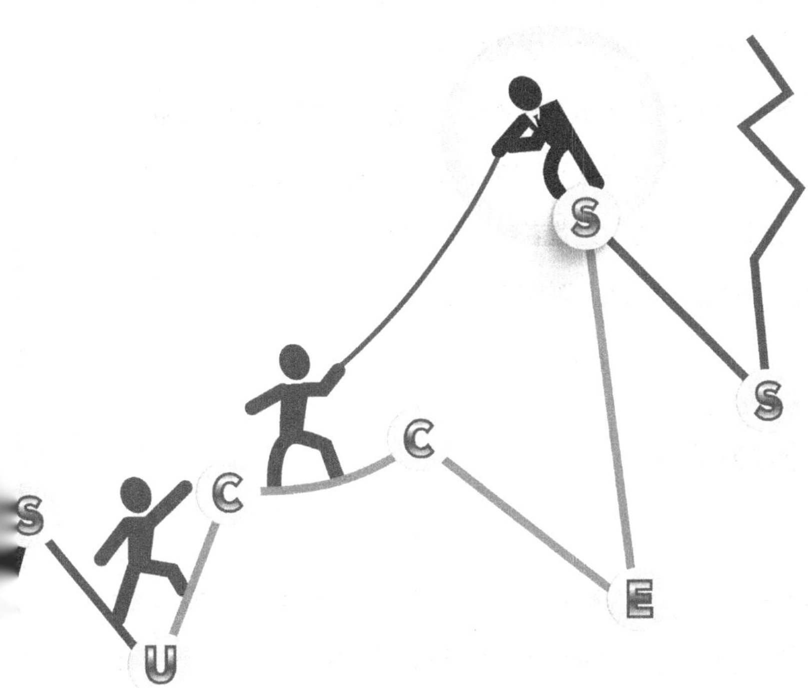

生意人有一条不成文的规矩，“不熟不做”。而现在这条规矩正在被打破，几乎是什么不熟做什么。丁磊养猪，柳传志种蓝莓，马云玩足球，联合上汽进入汽车行业，格力做起了手机、又造汽车，韩寒拍电影……这就是传说中的跨界现象。

近年来，跨界这个词在资本市场与产业界出现的频率越来越高，苏宁转型电商，王健林要做 O2O，互联网公司纷纷进军互联网金融领域，传统金融机构纷纷触网，三句话不离互联网。一场由技术创新引发的商业和社会变革已经到来，一个全新的商业生态圈正在重塑！

移动互联网、大数据、物联网、人工智能等迅猛发展，正推动跨界浪潮的兴起。如今，跨界成为企业转型发展的新常态，是当前社会发展中一道亮丽的风景线，也是企业适应智能互联时代的重要商业模式。

生态战略是企业转型发展的重要战略选择。企业要建设强大的生态系统，就无法绕开跨界，跨界是生态圈建设的一项重要内容。但关键是企业如何通过跨界打造强大的生态圈？这是企业经营者普遍关心的问题，本章针对这一问题进行回答，避免企业在实战中陷入“跨界陷阱”。

行业边界被打破

我曾长期从事电信市场经营分析，记得以往在做竞争分析时，只重点分析中国移动和中国联通，但随着三网融合进程的加快以及广电进入宽带市场，竞争分析又增加了对广电长城宽带的分析，而现在要做竞争分析，不仅要做好移动、联通、广电的分析，更重要的是对互联网公司以及互联网产业链重点企业进行分析，为什么呢？主要是在当下电信业边界扩大了，由基础电信业务向移动互联网、物联网、智慧家庭、云计算、大数据、ICT、移动支付等领域拓展，可以看出，如今的电信运营商将自己的业务范围扩大到彼此相互关联的不同领域，现在，电信运营商的叫法可能就有点不妥了，因为电信运营商边界被互联网发展所打破。

阿里巴巴起步于电子商务，如今，阿里巴巴就不能简单地说是一家电子商务公司，因为其基于强大的电子商务平台，通过战略投资、收购等手段不断跨界拓展，业务版图囊括了电商、文化娱乐、健康、互联网金融、通信、云计算、本地生活服务、教育、汽车、旅游、体育等诸多领域。正是跨界的力量帮助阿里巴巴拓展企业边界，从而打造强大的生态“帝国”。

是什么力量打破行业边界？最为重要的动力来自互联网尤其是移动互联网的迅猛发展。如今，以移动互联网、物联网、云计算、人工智能为代表的数字经济已经渗透社会各个领域，成为我国经济转型升级的新引擎。近年来，随着互联网与制造、医疗、农业、交通、教育、金融等产业领域的不断融合，移动互联网的迅猛发展打破了传统产业的边界，互联网与传统经济、传统产业的融合不断加快，各个产业领域的边界被打破，新技术、新产品、新模式不断涌现，不断创造新的市场需求，为企业转型发展拓展更大的空间创造了无限的可能。

在 2015 年之前，企业的经营活动都是围绕着结构调整、转型升级、提升创新能力、寻找新的业务增长点和激发组织活力展开的，这些活动可以帮助企业抓住机遇，解决企业所面对的挑战。但是近年来市场发生了全新的变化，其特点是：所有的行业都在发生质变而不仅是量变，都需要找到行业的新属性。所以，你会发现一家终端制造商可能不再是终端制造商了，一家卖场不再是卖场，一家互联网公司不再是互联网公司，这叫质变，也就是行业本质的竞争要素发生了变化。现在我们发现一家互联网公司的招聘岗位涉及大数据、软件开发、内容制作、电子商务、互联网金融、人工智能等各方面人才，为什么会这样？就是因为这家公司不再是传统的互联网公司，而是已经转变为一家跨行业、跨领域的公司。理解这一点，十分重要。

在互联网迅猛发展的今天，行业边界被打破已成为事实，每个行业都处在一个全新的发展模式中，这对我国正在转型的企业的下一步发展有着非常大的启示，就是在基础业务做优、做强、做大的基础上，企业要适应跨界融合的发展潮流，有计划、有步骤地实施跨界经营，不断拓展新的领域，这是企业做强生态、实现持续发展的根本所在。

跨界成为打造生态圈新常态

我们知道，实施生态战略一定要跨界，这里的跨界不是漫无目的的跨界，而是以打造生态圈为目标，从一个行业跨越到另一个行业。随着移动互联网、大数据、物联网、云计算、人工智能等快速发展，行业界限越来越模糊。在互联网思维引导下，跨界几乎每天都会发生，成为众多企业在打造生态系统中的“狂热行动”，也成为推动企业转型发展的重要力量。

跨界融合正在加快。从互联网产业本身来看，互联网产业链正在进行更广泛的垂直整合，电信运营商、内容服务商、系统集成商、终端厂商、设备制造商等在加速将自身业务向产业链上下游延伸，打造硬件、软件、应用服务的一体化，抢夺互联网入口，在互联网手机、互联网电视领域尤为明显。如小米既做手机，又做互联网电视，还做路由器、智能家居、汽车、净水器和手环，还有无人机，通过垂直一体化整合，打造小米生态圈。再如家电企业加速转型，互联网智能企业与家电企业合作研发，两类企业间的界线越来越模糊，家电与互联网的跨界融合已经从趋势转为常态。为打造智慧生活新业态，不仅有传统家电企业参与，如海尔、美的，还吸引了腾讯、阿里巴巴、谷歌、苹果等互联网公司加入，而且产业链上的各大企业进行跨界合作，一起打造智能生态圈。

除了互联网公司，传统企业也在玩跨界：格力电器不仅卖手机，还造汽车；中石化把属下数千家加油站卖给了阿里巴巴，“不务正业”地要在淘宝开店卖土特产……这些案例说明知名企业玩跨界早已成传统。联想、中粮、恒大、万达与娃哈哈，也都走在跨界这条路上。

从产业发展的外部环境来看，互联网与零售、金融、教育、医疗、汽车、农业等传统产业的跨界融合正在加速，产业边界日渐模糊。一方面，传统企业积极推进向互联网转型，纷纷与互联网公司合作；另一方面，互联网企业更加注重实体经济的发展，加速向传统行业进军。阿里巴巴、百度、腾讯、小米等纷纷进入金融、教育、文化、医疗、汽车等领域，加大线下布局，这些企业正是通过跨界不断向内深化、向外拓展。只有真正实现深度融合，才会诞生新的产业、新的行业模式，才能逐步构建一个强大的商业生态系统。如阿里巴巴在建立强大的电商平台和阿里云等核心业务的基础上，通过战略投资、收购，开展跨界经营，不断拓展新的领域，构建一个庞大且相互协作的商业生态。

跨界打造生态是有实力的公司的重要选择。阿里巴巴、腾讯、百度、苹果、谷歌等公司之所以在行业遥遥领先，很大原因在于通过跨界打造强大的生态系统。跨界一般是大公司的惯用手段，因为它们有着战略的布局、强大的实力、坚实的生态基石、强大的资源整合能力，而且都是跨界经营的高手。更为重要的是，现在一些实体经济的大公司以及互联网公司做大之后，它们的跨界更多是为自己打造稳固的“护城河”，防止被潜在的挑战者超越，于是大笔投资于诸多初创公司、中小科技公司，或者开展各类收购和战略投资，以期把握未来科技发展潮流。

对于中小企业和新创企业，一开始就想着跨界，是不可能成功的。德国制造享誉世界，其不求规模大、但求实力强、争做垂直行业隐形冠军的专注精神值得中国中小企业学习。作为市场竞争主体，企业经营只有三种结果："死掉"、立足本行业以及做大做强并跨界渗透其他行业。有实力且志存高远的企业，不会满足于成为行业冠军，也不会局限于某个固有的边界，在传统业务发展遇到瓶颈的情况下，它们会瞄准新的市场机会，以实现企业持续发展为目标，有步骤、有计划地推进跨界经营，真正使跨界成为推动企业做强做大的重要力量。

可以说，互联网模糊了所有行业的界限，使跨界融合成为一种新常态。在智能互联时代，跨界融合的力量不断显现。要让跨界真正成为推动企业打造强大的生态系统的引擎，需要我们正确把握跨界打造生态的特征和规律，这对企业更好地实施跨界有着重要的参考价值，也是每家企业都要认真思考的问题。

跨界打造生态的内在规律

跨界是打造企业生态的重要手段。当然，跨界有成功，也有失败，成功的如阿里巴巴、腾讯、苹果、小米等，它们就是通过跨界打造强大的商业生态，从而处于领先地位。失败的企业也有很多，如乐视、雅虎、诺基亚等。我试图从成功和失败的企业案例中总结出成功实施跨界的一般规律，以期为企业在实施跨界融合时提供正确的战略指引，避免在实践中走弯路。

首先，跨界打造生态要有明确的目标、方法和路径，也就是做好跨界的战略规划。跨界是一种战略，也是企业转型的重要手段。如何推进跨界转型？如何确保跨界助力企业打造生态圈？我认为，最为重要是做好跨界战略规划，主要是回答跨界的战略目标、战略重点、跨界方向、关键路径等问题。这些问题回答清楚了，有利于企业更好地开展跨界经营，更有利于提高跨界的成功率。

战略目标：明确企业跨界的发展目标和长期发展方向，当然，打造强大的生态圈是跨界一大目标，跨界根本上是为了促进企业持续发展，还需要明确未来企业收入增长目标、在竞争中的地位等；还有就是确定企业如何在未来打造开放平台、生态圈以及在拓展新兴业务领域（如“互联网 +”、物联网、云计算、人工智能、智慧城市等）中找到自己的位置。

战略方向：要明确围绕什么开展跨界。一般来说，企业跨界要紧紧围绕以下两个中心工作开展：一是围绕打造平台生态圈，开展跨界经营；二是围绕打造内部生态开展跨界，做好业务布局。围绕打造平台生态圈很好理解，实践中最难把握的就是怎样围绕打造内部生态进行跨界，但有一点是肯定的，跨界要能发挥企业优势，跨界不能太宽，不能想当然。

跨界领域：我们给出战略重点选择的二维矩阵，如图 7-1 所示，选择行业增长潜力大与企业核心业务关联度高的领域积极进入，往往能发挥企业已有优势，发挥协同效应，有利于企业在新兴领域取得领先地位；对于行业增长潜力大但与企业核心业务关联度低的领域也要进入，因为这是企业转型发展新的机遇，但要有选择地进入，就是要与企业各业务板块形成协同，这需要企业有足够的资金、较大的用户规模、新兴领域的运营经验作为支撑，否则跨界很难成功。总之，对于打造商业生态的企业来说，要围绕核心业务，以打造平台生态为核心，积极向产业链上下游延伸，有选择性地进行拓展。如电信运营商在移动支付领域具有得天独厚的优势，就应该聚焦力量，大力拓展互联网金融。跨界是一项专业性很强的工作，无论是从哪个点切入，都要把相应不足的部分补齐，不要为了跨界而跨界。

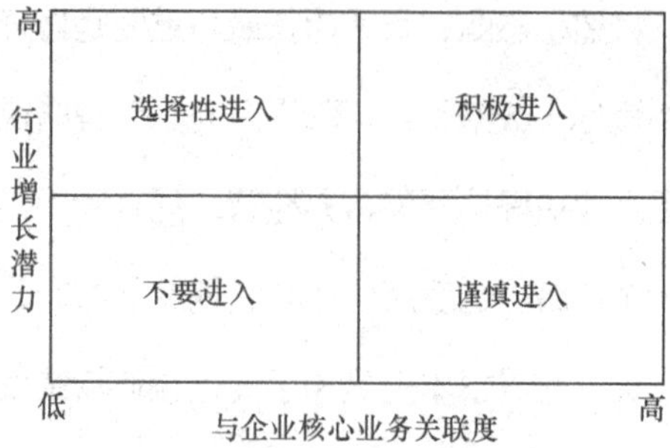

图 7-1　行业增长潜力与企业核心业务关联度二维矩阵

战略执行：为了实现战略目标，明确完成战略的重点任务和工作举措，涉及跨界方面的工作要进行细化落实，制订跨界工作计划、时间节点与里程碑事件；明确责任部门和考核目标；组建跨界工作团队；确定跨界模式；制定跨界融资策略；开展跨界整合；对跨界进展情况以及遇到的问题和风险进行跟踪评估，并制定应急策略等。

其次，要有跨界思维。互联网和新技术的发展，产业的边界变得模糊，互联网企业的触角已无孔不入，涉及零售、金融、通信、娱乐、交通、汽车、媒体、内容等。苹果跨界进入手机行业，颠覆诺基亚；微信跨界进入通信领域，颠覆电信运营商的语音和短信业务；特斯拉进入汽车产业，TCL 与腾讯的“联姻”，阿里巴巴与上汽合作进入汽车产业，乐视的“平台 + 内容 + 硬件 + 应用”的垂直跨界整合模式，这些都是互联网跨界的生动实践，当前，互联网金融颠覆了传统银行，让人们领略到跨界思维的巨大力量。

如今，我们已进入智能互联时代，企业之间的竞争不只是产品的竞争，更是跨界的竞争。在这个技术大发展、大变革的时代，各行业的边缘越来越模糊，互联网和移动互联网在各行业的渗透，大大降低了企业跨界竞争的壁垒，使跨界成为一种竞争新常态。跨界对于企业本身，是一种自我革命，更是实现打造生态系统、实现企业持续发展的重要选择。

“互联网 +”中的“+”隐含的含义就是要跨界合作，要求传统企业与互联网公司紧密联手。万达与腾讯、百度的合作，上汽与阿里巴巴的牵手，美的与小米的结缘，乐视与北汽的联盟，三马卖保险等，都是“互联网 +”跨界合作的生动体现。在“互联网 +”时代，任何企业要成功，就必须善于运用跨界思维，拓展企业边界。小米可谓是跨界的高手，靠做手机起家，但是没有自己的手机工厂，使用的每一个零件都是各个行业里面最牛的，这就是雷军跨界整合的能力体现。

跨界思维在某种程度上也是一种互联网思维，运用跨界思维就要学会用户思维、简约思维、迭代思维、免费思维、社会化思维、大数据思维、平台思维等互联网思维来分析和思考问题。运用跨界思维，更要突破传统的惯性思维，要敢于打破传统意义上对于“产业边界”的界定方式与思维桎梏，超越传统的经营理念和商业模式，基于产业生态思想，重新定义产业边界。用好跨界思维，就是要有把各行各业优质资源进行整合，要求企业要以打造生态系统、培育新的业务增长点为目标，通过跨界思维坚持合作共赢、风险共担、利益共享，加强产业合作，尤其要运用并购、战略投资、成立合资公司等资本运营手段，快速进入新的业务领域，获得新的技术和人才，弥补自身的不足，完善生态系统，形成强大的“航空母舰”，从而不断增强企业抵御市场风险的能力。

第三，要拥有强大的资源整合能力。这是一个跨界的时代，更是一个跨界资源整合的时代。跨界的结果就是企业进入其他行业，跨多个行业。俗话说“隔行如隔山”。其实，跨界失败的案例相比跨界成功的案例要多得多，跨界要取得成功，就要对企业运营管理提出更高的要求，其中拥有强大的资源整合能力更为关键。这里的资源整合更多指的是不同行业的资源整合，从而形成资源整合优势。提升资源整合能力重点做好以下几点。

第一，打造好平台，让平台成为汇聚外部资源的重要力量。平台是对接外部资源的重要载体，可以让全球资源为你所用。平台做大了，影响力提高了，越来越多的企业就会与你合作，企业就可以把外部合作伙伴整合在一起，为客户提供更好、更丰富的服务。如何打造好的平台，这里不再多说，关键是做好平台定位，要能为客户提供方便、丰富、低价、更高品质、更好体验的产品和服务，更为重要的是要做好平台运营。“饿了么”正是通过打造生活服务平台，不断汇聚合作商家和配送员，从而成为我国最大的生活服务平台，也成为估值达到 55 亿美元的超级“独角兽”公司，其目前合作商户数达到 100 万家，配送员达到 300 万人。所以说，提高资源整合能力首先要有汇聚外部资源的能力。可以看出，平台越强大，就越能吸引行业优秀的公司加入，从而进一步提升平台的影响力。

第二，协同各种资源，为客户提供综合解决方案。跨界不是目的，最根本仍然是立足客户需求、满足客户需求和创造客户需求。当前，客户个性化需求越来越突出，对差异化的客户解决方案的需求不断增长，这需要跨行业开展合作，也需要企业进行跨行业资源整合，从而为客户提供综合解决方案。近年来，ICT 是电信运营商大力拓展的新兴业务，为满足客户需求，电信运营商通过成立专业化公司以及积极与产业链上的终端厂商、软件开发商、系统集成商等合作，实现跨界拓展，从而为客户提供个性化的行业解决方案。如今，ICT 业务成为电信运营商新的业务增长点，2017 年中国电信新兴 ICT 业务收入同比增长 20%。这就是基于客户需求而实现的跨行业整合，需要行业之间的紧密合作，联合创新。

第三，企业要有能力和资源为跨界提供支持，发挥协同效应。跨界一般需要大量资金，企业必须要有持续的盈利和强大的融资能力作为支持，企业要有持续的自由现金流。最为关键的是企业要发挥渠道、平台、客户、数据、流量、内容等优势，为跨界提供强有力的支持，发挥 1+1 > 2 的协同效应，这往往会提高跨界的成功率。如果没有内部协同支持，跨界就变成了什么好就做什么，变成了盲目扩张。小米公司通过共享小米的用户资源、供应链资源、品牌效应、渠道资源等，充分发挥了硬件、软件、内容的协同效应，从而打造了强大的小米生态链。

“买终端送内容”和“买手机送话费”就是协同效应的体现。要实现最大化的协同，最为理想的是利用企业用户、数据、流量等资产为跨界提供导流，从而实现跨行业的互通和交叉销售，形成良性的内部生态。互联网时代最大的资产就是数据，基于客户数据可以衍生出消费金融或者供应链金融，据此向互联网金融拓展，成功的把握性就更大。因此，实现跨界协同，打造一个数据驱动的企业是当下每一家企业都需要认真思考的问题。

第四，基于企业核心业务进行延展，形成良好的内部生态。这种跨界往往是基于已有核心业务的品牌优势、用户规模优势、技术优势、渠道优势进行相关多元化的拓展，从而更好地带动跨领域的业务发展。如海尔最早是做家电的，在家电市场处于领先地位。2014 年海尔推出了“U+”智慧生活系列，包括智慧安防、智慧用水、智慧洗护、智慧美食等 7 类细分服务，从单一的家电产品，延展到了整个家庭场景，从而使海尔跨界转型走在行业前列。万达院线之前主要做电影院，2015 年发布“会员 +”战略，围绕 6000 万会员，打造一站式电影生活服务平台，逐步建立了电影票务线上平台、网络电影院线、游戏运营与分发、衍生品研发与销售、跨品牌会员权益打通等。万达影院从单一的电影场景，延展到了泛娱乐场景，做得顺风顺水。再如迪士尼以动画为源头产品，将影视娱乐、主题公园、消费产品等不同产业环节演变成一条环环相扣的全产业链，构建出一套独有的盈利模式，从而赚得盆满钵满。核心产品做精、做优、做大很重要，这有利于拓展行业边界取得成功，形成一体化的协同效应。

第五，正确把握跨界融合方式。从跨界方式来看主要有横向一体化战略、垂直一体化战略；在具体操作上又可分为：收购兼并、战略投资、战略联盟、成立合资公司、成立跨行业的战略单元等方式。关于收购兼并、战略投资等资本经营，第八章将做详细论述。跨界融合方式多种多样，没有对错之分，关键要根据企业跨界战略规划、发展目标的要求，灵活确定。苹果公司就是垂直一体化战略的典型代表之一。苹果公司从芯片、硬件、操作系统、App 到销售终端，几乎控制了整个产业链。而且苹果几乎是一个独立“王国”，独立的 iOS 系统和标准，独立的设计、开发、制造和销售体系，这使得颠覆苹果几乎是一项不可能完成的任务。而乐视选择的是横向一体化和垂直一体化融合的跨界模式。乐视的生态系统由垂直整合的闭环生态链和横向扩展的开放生态圈共同构成，通过“平台 + 内容 + 应用 + 终端”垂直整合闭环生态链和横向扩展开放生态圈。但乐视选择“横向 + 垂直”的跨界融合战略最后导致生态大厦的倾覆，令人深思。

最后，企业要提高新领域的运营能力。企业跨界经营，成功也并非不可能，但前提是企业要拥有新领域方面的人才，要掌握新领域的运作规律。没有熟悉新领域的人才，肯定不行；新领域运营如果照搬固有经验，缺乏新领域运营经验，企业进入新领域往往会难有作为，可能遭遇重大挫折。所以说，企业进行跨界经营，必须在新领域培养和引进高素质的管理者队伍，华为智能终端之所以成功，就是拥有像余承东这样高水平的管理者，并且储备和打造了一支熟悉和了解新领域的专业化人才队伍，尤其是在新领域拥有高水平的创新型人才、技术型人才、管理型人才、运营型人才。跨界也没有既定的成功模式，需要企业根据自身实力进行科学选择，关注企业实力与跨界的匹配度，匹配度越高，跨界成功率也会越高。

企业还要对新领域的发展情况、客户需求、竞争状况、市场规律、商业模式、盈利模式、运营模式、发展趋势等方面研究透，找准企业发展的切入点，推进差异化的发展策略，并发挥内部跨行业的协同优势，把跨行业的商业模式整合起来，努力构建一个完整的生态闭环。

在互联网高度发展和普及的今天，企业必须用好跨界这一手段实现跨界发展，最核心的是要植入跨界基因。传统企业跨界需要植入互联网基因，或者用互联网基因改造传统基因。改造要首先从企业的领导者做起。面临新时代、新机遇、新挑战，跨界经营对企业领导战略经营能力、资源整合能力、运营管理能力提出更高要求。

跨界是一种手段，更是一种境界。心中无界，方能跨界！

谨防生态跨界风险

现在市场机会很多，从移动互联网到“互联网 +”、大数据，从物联网到人工智能……可以说是一波接一波，有些企业为市场机会所诱惑而跨界，有些企业在经营面临困难时忙着跨界，有些企业在核心业务做大的基础上向产业链上下游拓展而跨界，还有些企业为打造生态系统而跨界……很显然，跨界是一把“双刃剑”，用好了，跨界能帮助企业打造强大的生态系统，提升企业综合竞争力，促进企业持续健康地发展；用不好，跨界会成为企业走向下坡路的“罪魁祸首”。

互联网快速发展和渗透，使得跨界更加容易，成本更低，但跨界是有风险的，为使跨界真正成为企业打造生态圈的重要力量，企业对跨界的风险要有足够的认识。跨界有哪些风险呢？下面进行分析。

做企业的人，常常看别人取得了成功，纷纷模仿跟进，跨界也是一样，什么热，一窝蜂都去做，但结果失败的多，成功的少，如曾经兴起的团购潮从“百团大战”到“千团大战”，很快从一片繁荣到团购网站纷纷倒闭，团购热潮终成昙花一现，这方面经验教训应引以为戒。

“互联网 +”也是最近几年兴起的热点，“互联网 + 传统产业”是当下和未来的发展趋势，也是传统企业摆脱创新能力不强，持续发展面临压力，员工缺乏活力等发展瓶颈的根本出路，“互联网 +”为企业转型发展创造难得的机遇。近年来，随着互联网浪潮来袭以及“互联网 +”行动计划的大力推进，传媒、钢铁、金融、农业、工业等各个行业都在积极拥抱互联网，尤其是对于传统行业来说，纷纷高举互联网转型大旗，涌现出许多互联网转型成功的企业，如海尔、红领集团、中国平安、招商银行……但不少传统企业喊着“互联网 +”的口号，却最终转型失败。为什么？主要是因为传统企业互联网转型，一方面是赶时髦，好像不“互联网 +”就跟不上时代，嘴里喊着要互联网化，只是做做样子，如开设网站、微信公众号，做电商，根本不知道互联网转型将企业带向哪里？发展方向是什么？这样离失败也就不远了；另一方面就是用传统成功的模式和已有的经验去做新业务领域，存在老业务与新业务抢占资源的状况，导致企业发展重点没有转移到新兴业务领域，或者对新旧业务互搏没有处理好，导致新业务领域错失良机。如中国移动飞信一度是我国即时通信领域的领先者，由于中国移动担心飞信发展替代短信业务，因此没有加大飞信业务创新和发展力度，使中国移动错失在即时通信市场一骑绝尘的良机。最为关键的是传统企业面对新的机遇，没有重塑新的核心竞争力和新型生态基石，这是传统企业互联网转型难有作为的主要原因。

实践中，最为棘手的是大多数热衷于跨界的企业并不是因为主业已经做优，做强，做大了才去跨界，而恰恰是因为核心业务并没有做好，就想通过跨界去寻找新的业务增长点，很显然这样的跨界根本就不是把打造生态系统作为目标，而进入全新的领域由于缺乏经验等原因带来难以预测的风险，结果往往是偷鸡不成蚀把米。这方面例子比比皆是，如中国移动早在 2008 年就深知移动终端在移动互联网时代的重要性，跨界进入终端市场，推出基于 OMS 操作系统的 Ophone 手机，希望在终端市场能与 iPhone 等智能手机竞争。当时行业主管部门曾对中国移动自主掌控操作系统给予高度肯定，但事实上 OMS 操作系统只是将 Andriod 系统拿过来，把界面和服务部分内容改成自己的服务内容，OMS 操作系统完全受制于 Andriod 系统，缺乏核心竞争力，而且 OMS 操作系统不好用，在 OMS 上开发也很不方便，Ophone 手机也没有得到厂商的大力支持，不到两年时间 Ophone 就逐步淡出市场。这个案例告诉我们，传统企业进入新领域必须掌控核心技术、关键技术，不能盲目进入。

如今，在全国掀起“大众创业，万众创新”的热潮，新创企业不断涌现，“双创”正在成为促进经济转型升级的新动能。但我们同时看到，现在很多初创企业把创业当作家常便饭，甚至同时搞跨界。这个我不大认同，我认为初创企业必须专注，不但不应该跨界，而且即便在本行业之中也应该只选择一个点集中全部资源来专注。因为新创企业缺乏资金，缺乏人才，这样去跨界风险反而更大。

因此，不论传统企业还是新创企业，跨界都要慎重，不能为跨界而跨界，要做到“不能跨界的阶段坚决不跨界，该跨界的时候必须跨界”。

跨界必须谨慎，不要盲目跟风！

最后，也是最为重要的就是不少企业为打造生态圈进行跨界实际上等同于搞多元化，盲目扩张，这是跨界最大的风险。其实，跨界和多元化战略两者有一定的关联，但两者是不同的概念。多元化战略指企业为了更多地占领市场和开拓新市场，以避免经营单一事业的风险而选择性地进入新的事业领域的战略。而跨界是基于企业核心优势与外部开展合作，从而由一个行业进入另外一个行业，利用自己优势资源和另一个行业的资源实现互换。很显然，多元化是为了寻找企业发展新机遇，跨界更加强调打造生态圈、提升企业竞争力。当然寻找企业发展新机遇也是跨界的一项重要内容，可以说跨界是多元化，但多元化不等于跨界。现实案例中，很多企业将跨界等同于多元化战略，出现跨界很随意、很盲目，看什么热就做什么，让人看不明白，摸不透，感觉像是闭着眼睛在跨界，从而使企业陷入多元化陷阱。相比而言，具有影响力的企业跨界之路就显得谨慎得多。以谷歌为例，为了推出谷歌地图，谷歌专门收购了在线地图 Waze；为了进入智能家居领域，谷歌以 32 亿美元收购智能家居设备公司 Nest Labs；为了进入人工智能领域，谷歌自 2006 年起就开始布局，通过收购 Halli Labs、Kaggle、Deepmind 等人工智能相关企业，做了大量技术储备。

打造生态圈一定要跨界，跨界是企业适应新形势的重要战略选择。跨界是一把“双刃剑”，既有机遇也有风险，关键是只有遵循跨界规律，做好风险防范，才能成为推动企业转型发展、打造强大的生态系统的重要推手，从而推动企业持续健康的发展。

第八章

资本经营：生态战略的推手

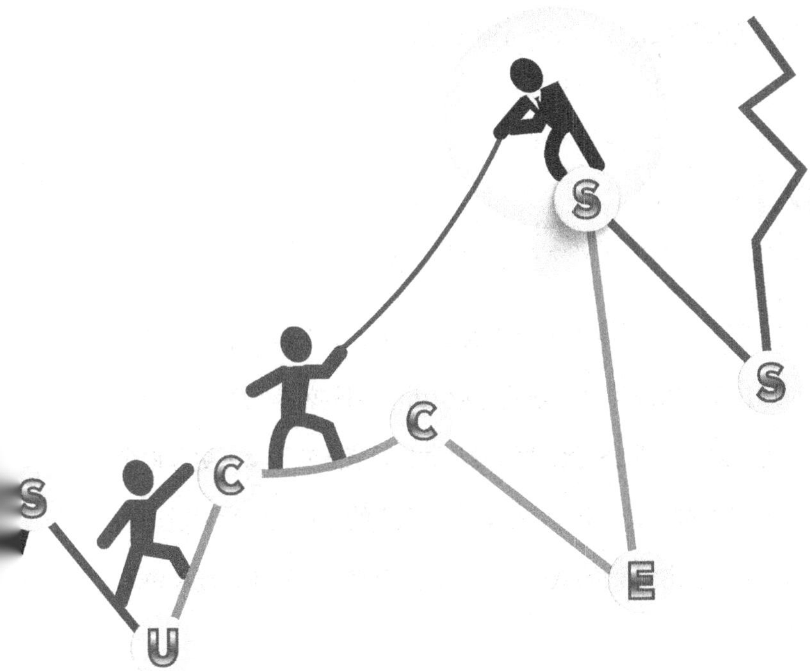

和四十年前相比，中国经济社会最大的变化是什么？一是开放，目前中国比以往任何时候都开放；二是资本，如今我国资本市场日趋繁荣。资本为我国企业打开新的世界大门，孕育了新的可能。许多看似无法实现的梦想，都在资本的作用下获得了新生。

企业打造生态圈，必然会利用资本这一工具，这也是广大企业家做强、做大企业必须掌握的一门必修课。资本是打造企业生态圈的重要推手，越来越受到产业界、企业界的广泛重视。

尽管资本世界也是变幻莫测、风险不断，但资本已成为企业转型发展、打造商业生态圈的必经之路。关键是如何利用好资本经营助力企业转型发展，为企业发展布局未来，赢得未来。

这是一个资本经营的时代，拥抱资本才有未来！

资本的力量

记得十多年前，我曾参加过中国电信主实业 IPO 上市工作，第一次接触到资本市场。那时通过工作和学习我了解到企业上市的目的就是通过资本市场进行融资，并通过上市规范企业公司治理和实现企业规范高效运营，更好地满足客户需求以及资本市场的要求。资本市场真有这么大的力量吗？我通过进一步学习，对资本市场有了比较全面的认识。这里首先对资本、资本市场和资本经营做一简单介绍。

资本能够带来剩余价值的价值。企业发展必须保持一定的资本规模，必须不断筹集资本。为便于理解，我举一个例子，你去超市买东西，这个钱就不是资本，只是货币；如果你拿钱开了一家美容店、雇佣了一批美容师，那这个钱就是资本。资本的本质属性就是追逐高回报率。

资本市场是现代金融市场的重要组成部分，其本来意义是指长期资金的融通关系所形成的市场。自 20 世纪 90 年代发展至今，我国资本市场取得了长足发展，建立了多层次比较完善的资本市场，主要包括新三板市场、债券市场、证券交易市场、风险投资市场（如 VC 和 PE）；法律法规体系更加健全，参与主体理性明显增强，监管体制机制不断完善，对外开放进一步拓展（如 A 股纳入 MSCI），服务实体经济和社会经济发展作用更加凸显。截止到 2017 年年底，全国共有 2485 家上市公司，总市值达到 56.7 万亿元，全国期货市场累计成交量达到 3076.13 万笔。

资本经营也是本章重点阐述的内容，简单的理解就是为资本增值而进行的包括收购、兼并、战略联盟、战略投资、资产剥离、股份回购等形式的市场投资活动，资本经营就是要让资本无孔不入，就是要让资本运转起来，以实现最大化的资本增值。资本经营有两层意思：第一，资本经营是市场经济条件下社会配置资源的一种重要方式，它通过资本层次上的资源流动来优化社会的资源配置结构；第二，从微观上讲，资本经营是利用市场法则，通过资本本身的技巧性运作，实现资本增值、效益增长的一种经营方式。

的确如此，资本的力量毋庸置疑。从宏观方面来讲，资本的力量影响了世界历史和国家兴衰。马克思在他的《资本论》第一卷中，对资本组织在改变世界面貌的铁路网建设中的作用做了高度评价。他写道："假如必须等待积累去使单个资本增长到能够建设铁路的程度，那么恐怕到今天世界上还没有铁路。但是，股份公司通过资本融集转瞬之间就把这件事情完成了。"股份公司制度正是通过资本市场进行广泛大量融集，凝聚了资本的力量，从而实现了原本不可能完成的铁路网的建设。

资本经营是快速进入市场、提升企业竞争力的一种有效手段，但也存在风险。一方面需要加快资本经营步伐；另一方面也需要加强资本经营风险控制。从资本经营的形式来看，主要有战略联盟、收购兼并、战略投资、成立合资公司等，这些手段是当前企业经常用到的，尤其是战略联盟、投资和收购应用更为广泛。表 8-1 给出这几种资本经营模式的比较。当然在实际操作中，选择何种资本经营模式要根据企业发展阶段、发展目标和综合实力灵活确定。

表 8-1　资本经营几种主要形式的比较分析

	主要内容	有利因素	主要风险
战略合作联盟	建立在实现共同利益基础上，优势互补，充分发挥各自在市场上的影响力，实现合作共赢	快速弥补企业短板，实现优势互补，提高企业的市场竞争力和满足客户需求的能力	合作比较脆弱，有时难以执行，流于形式
成立合资公司	合资公司是一个单独的实体，双方拥有合资公司的股份，拥有自己的运营管理机构。合资资源可以是资金、技术、品牌、人才等其他资源	可以学习先进的管理经验，发挥各自优势，提升拓展市场的能力，也可避免政策风险	主要在股权结构、收益分成、法人治理结构等方面容易产生矛盾
收购或兼并	并购是一个公司通过产权交易取得其他公司的控制权，以增强自身经济实力，实现企业自身经营目标的一种经济行为	扩大企业经营规模，获得关键技术、人才、品牌、设备等资源，增强企业核心竞争力，有利于节约企业成本，壮大企业实力	企业融合方面面临企业文化、人员分配、组织体系方面的整合风险，目前收购或兼并失败率为 50% ～ 80%
战略投资	企业以现金资产、实物资产等形式直接投入被投资企业，取得被投资企业的非控股的股权，从而获取收益、实现战略目的的投资行为	获得被投资企业的合作支持，提高合作的稳定性和长期性	被投资企业可能经营不善导致投资风险增加

企业发展光靠自己肯定不行，光靠自有资金和利润积累也是不行。在资本市场高度发达的今天，传统的企业增长模式已无法适应瞬息万变的外部形势，企业进行扩张遇到资金不足的状况时，就需资本经营，开展社会融资。因此，企业产品经营只有更好地与资本经营结合，插上资本的翅膀，才能在激烈的竞

争中赢得先机、抢占鳌头。

企业产品经营、打造生态圈、创新创业都离不开资本经营。近年来，互联网和移动互联网行业收购、参股、成立合资公司等资本经营活动十分活跃，其重要目的是快速进入新兴领域，获得核心技术、资源和业务模式，打造产业生态系统，以提高企业的市场竞争力。如以 BAT 为代表的互联网巨头凭借自身的资源优势，通过投资、并购等手段不断完善自己的产业布局，巩固其商业地位，成为投资并购浪潮中的主力军。2013 年以来，阿里巴巴接连收购高德地图、文化中国、UC 科技、饿了么，并投资入股陌陌、新浪、银泰商业、苏宁、海尔电器、快的、华数传媒、优酷土豆、文化中国、ofo、易果生鲜、旷视科技等；腾讯投资和收购了滴滴打车、大众点评网、58 同城，入股京东 15% 股权等；百度先后收购和入股了 91 无线、PPS、糯米网、爱奇艺、去哪儿、Uber 等。此外，BAT 还和苏宁、京东、中国人寿等合投中国联通 780 亿元人民币，成为 2017 年我国混改中一个经典的投资案例。资本经营在打造 BAT 强大的生态系统中发挥了重要作用。

传统企业在资本经营上也动作频频，十分活跃。美的以 300 亿元人民币收购德国机器人公司库卡；青岛海尔以 55.8 亿美元收购 GE 家电，与百度战略合作，加速人工智能技术与智能家居在用户层面的普及；万达集团跨界并购北欧院线集团，并与腾讯、百度合作成立“腾百万”合资公司，欲打造全球最大的 O2O 电商平台；2018 年 6 月，万达电影以 116 亿元人民币收购万达影视，业务将扩展至电影和电视剧的投资、制作以及网络游戏的运营和发行，实现公司业务的转型；海航集团战略投资德国最大商业银行——德意志银行，持股比例达到 9.92%；靠自主创新树立中国品牌的华为公司进入海外市场，也开展了富有成效的投资收购活动。2014 年 7 月，华为投资了主要设计用于物联网领域的高性能芯片的 XMOS 公司；2017 年年初，华为收购了 HexaTier 和 Toga

Networks两家以色列厂商。HexaTier是一家数据库安全公司，Toga Networks则是一家基于软件的系统设计和芯片设计的公司；中国电信成立了天翼物联网联盟、智慧家庭产业联盟，并与网易合资成立浙江翼信科技有限公司，中国电信持股73%，网易持股27%，双方共同推出易信产品……资本经营的脚步随着我国改革开放的深入只会加快，不会停步。

谈到资本经营，我在这里不得不提乐视，乐视打造的“内容+平台+终端+服务”的生态战略本身没有错，关键是其过分依赖资本经营。其实乐视是一家资本经营的高手。乐视通过运用股权质押融资、发债融资、股权风险融资等各类资本经营手段，融资超过千亿元。但由于乐视涉足电视、手机、汽车、影视、体育、电商、云计算等，热门行业几乎无所不包，最后导致资金链断裂，再加上乐视缺乏强大的生态基石，导致乐视生态帝国正在分崩离析。虽然，资本经营是企业快速进入市场、提升竞争力的一种有效手段，但也存在风险。那种不注重产品经营、不顾风险而盲目开展资本经营的公司最终必将难逃失败的厄运。

我们看到，当今世界，企业之间的投资并购等资本经营活动频频，它是企业进入新的市场、迅速弥补企业短板、打造强大生态系统、增强企业核心竞争力的重要手段，越来越受到企业的重视。资本经营是一把“双刃剑”，用好了，企业就能充分利用资本经营的力量，打造强大的生态系统，促进企业转型升级、持续发展。

投资与并购

投资与并购是两个概念，投资一般不追求对被投资企业控股，而并购则是要求对被收购企业控股，而控股性的投资属于收购范畴。但两者都是基于以产权变化为纽带，这更有利于形成长期稳固的战略合作，更有利于形成整体的协同效应。对于打造生态系统来说，我还是将战略投资和并购放在一起来讲，这样能更好地阐述这些资本经营活动在打造商业生态系统中的价值。

当前，投资并购案例常见于报端，往往是有实力的大公司最为广泛采用的资本经营手段。因为大公司有很多优势，其中一个就是资本优势。如今，企业之间的竞争已经上升到生态系统之间的竞争。很多有实力的大公司在面对新的市场机遇时，往往会利用其资本优势，收购那些在技术、人才、产品等方面具有领先优势的中小企业，以获得新技术、新产品、新团队。一方面可以获得新的利润增长点；另一方面可以做强企业生态，增强企业竞争新优势，推动企业转型。

万达集团成立于 1988 年，最早是做地产起家的，此后依靠商业地产迅速发迹，成为我国最大的不动产企业之一。但随着房地产市场黄金时代的过去以及“互联网 +”时代的来临，万达集团未雨绸缪，积极推进向服务型企业转型，重点发展万达商业、文化产业、金融产业和电子商务四大产业。可以说并购在万达集团转型中发挥了积极作用。

万达集团开展一系列收购，加大文化产业发展和全球化布局。2012 年 5 月，万达集团斥资 31 亿美元收购美国第二大院线集团 AMC，2016 年 6 月，万达院线收购澳大利亚第二大院线 Hoyts；2015 年 12 月，AMC 以 1.27 亿美元收购了连锁影院 Starplex Cinemas，Starplex 在美国 12 个州拥有 33 家影院、346 块屏幕；2016 年，AMC 收购美国第四大影院电信运营商 Carmike；2017 年 1 月，AMC 公司又收购了北欧最大院线集团——北欧院线集团，凭借 AMC 的连续收购，万达成为全球第一大影院运营商。再加之拥有亚洲第一大影院万达院线，万达对未来文化产业的发展充满信心。

万达集团进入旅游业也是积极开展收购，于 2013—2014 年并购了国内 10

多家旅行社，2016 年 10 月，万达收购了同程网，同程网是排名仅次于携程、去哪儿的在线旅游公司，万达真正实现线上线下结合，并通过线下大兴万达城，加快旅游产业发展，力争 2020 年超过迪士尼。

万达集团在快速向互联网领域转型，不仅与腾讯、百度成立合资公司，2014 年年底，万达还以 3.15 亿美元收购快钱 68.7% 的股权，这为万达打造电子商务生态系统奠定了坚实的基础。

万达通过并购的方式布局商业生态，业务横跨地产、文化、旅游、金融、电商等领域，推进线上线下布局，以"互联网 +"不断推进企业转型。

除了传统企业之外，以 BAT 为代表的互联网公司更是运用投资并购手段的高手，它们在做优、做强、做大核心业务的基础上，不断通过投资并购进行跨界融合，可以说，投资并购在这些互联网公司打造生态系统、拓展业务版图中发挥着重要作用。

下面我们来看看阿里巴巴 2013—2018 年 6 月开展的一系列投资并购活动，简要分析阿里巴巴是如何通过投资并购打造商业生态圈的。

2013 年 4 月，阿里巴巴投资快的打车，为线下生活服务进行战略布局；2013 年 5 月 10 日，阿里巴巴投资 2.94 亿美元收购高德软件约 28% 的股份；2013 年 12 月，阿里巴巴以 28.22 亿港元投资海尔旗下海尔电器，其中对日日顺物流投资 18.57 亿港元，持有日日顺 24.1% 的股份，旨在联手打造家电及大件商品的物流配送、安装服务等整套体系及标准。

2014 年 3 月，阿里巴巴以 62.44 亿港元投资文化中国，获得 60% 股份；2014 年 4 月，阿里巴巴以 11.3 亿美元收购高德地图剩余的 72% 股权，使高德成为阿里巴巴的全资子公司；2014 年 4 月，阿里巴巴收购金融软件和网络服务提供商恒生电子，金额为 33 亿元；2014 年 6 月，阿里巴巴全资收购 UC 科技。

2015 年 3 月，阿里巴巴斥资近 24 亿元入股光线传媒，成为光线传媒第二大股东；2015 年 8 月，阿里巴巴以 283 亿元战略投资苏宁，占股 19.99%，成为苏宁云商第二大股东，双方将在电商、物流、售后、O2O 以及门店等业务上开展全面合作；2015 年 10 月，阿里巴巴入股 58 到家，以加强 O2O 线上线下融合的布局；2015 年 11 月，阿里巴巴以 45 亿美元整体收购优酷土豆，弥补阿里巴巴在网络视频领域的短板。

2016 年 4 月，阿里巴巴耗资 10 亿美元收购了东南亚电商平台 Lazada，成为其控股股东，这是阿里巴巴践行国际化战略、构建生态系统的又一动作；2016 年 7 月，阿里巴巴以 2 亿美元全资收购豌豆荚，这次收购弥补 UC 在移动分发方面的短板；2016 年年底，阿里巴巴以 21.5 亿元入股三江购物。

2017 年 6 月，阿里巴巴以 10 亿美元战略投资饿了么；2017 年 8 月，阿里巴巴与百度、腾讯等公司联合战略投资中国联通；2017 年 8 月，阿里巴巴参股投资寒武纪，寒武纪是一家专注于智能芯片的科技公司；2017 年 9 月，阿里巴巴增持菜鸟网络 53 亿元，持股比例达 51%；2017 年 10 月，阿里巴巴以 4.6 亿美元投资旷视科技；2017 年 11 月，阿里巴巴以 15 亿元战略投资商汤科技；2017 年 11 月，阿里巴巴以 28.8 亿美元入股高鑫零售，成为中国规模最大及发展最快大卖场的股东，以积极拓展线上线下相结合的新零售模式。

2018 年 2 月，阿里巴巴以 54.53 亿元投资居然之家持股 15%，成为第二大股东；2018 年 4 月，阿里巴巴全资收购自主嵌入式 CPU IP Core 公司中天微；2018 年 4 月，阿里巴巴联合蚂蚁金服以 95 亿美元完成对“饿了么”的全资收购；2018 年 5 月，阿里巴巴宣布全资收购北京先声互联科技有限公司；2018 年 5 月 29 日，阿里巴巴、菜鸟网络和中通快递达成战略投资协议，阿里巴巴菜鸟网络等向中通快递投资 13.8 亿美元，持股约 10%。

阿里巴巴大量的投资和收购活动是拓展业务版图的重要手段，旨在实现科技驱动、业务协同和布局未来，其投资并购更多的是战略性投资、持股性投资和收购，更深层次是为了打造商业生态系统不断向内深化、向外拓展，拾遗补阙，打通上下游链条，并通过自有业务和资本手段，逐渐在构建一个强大的商业生态系统，在阿里生态版图中，主要有电子商务、互联网金融、本地生活O2O、文娱媒体、医疗健康、企业服务（云计算）、旅游、硬件、游戏、教育、汽车……

对于阿里巴巴来说，每一次投资并购都是对其生态系统的一次完善。正如阿里巴巴集团CEO马云所说："我们运营的不是一个公司而是一个生态系统，一个用新技术、新理念组建而成，由全球数亿的消费者、零售商、制造商、服务提供商和投资者组成的仍在持续长大和进化的新经济体。"

如今，打造生态系统是众多企业转型的战略选择，不管是传统企业还是互联网公司，都是充分利用资本的力量，积极有效地开展投资并购，从而不断拓展企业边界，不断构建和完善自身生态系统。

开展投资并购一般都是有实力企业的常见做法，大企业能够做到"买买买"，其背后都有强大的资金支持和组织保障。如2011年年初，腾讯宣布成立产业共赢基金，由腾讯并购投资部运作，其开始投资规模为50亿元，而后不断增加，2017年腾讯投资并购规模超过千亿元，重点投资并购在金融、新零售、大数据、云计算、人工智能、物联网、区块链等新兴领域的公司；阿里巴巴早在2008年就成立阿里资本，进行专业化的资本运作；2017年，阿里巴巴投资并购金额达到898.54亿元，可见阿里巴巴在投资并购上力度有多大。

有实力的大公司，都在组织和投资资金上予以保障。如2015年7月中国移动与国投集团联合设立中移创新产业基金，规模达到50亿元；2016年年底，成立了"中移资本控股有限责任公司"和"中移投资控股有限责任公司"两家投资公司，实行一套人马、两块牌子，旨在通过资本运作，促进业务发展、管理提升、能力构建，逐步建立和完善产业生态圈。

做好战略投资并购，确定投资并购对象和方向十分重要，我认为，选择投资并购企业的方向和标准关键要做到以下几点。

第一，选择与企业未来战略相关或互补性强的公司。如果是相关和互补的，资本的协同效应更强，企业能够利用原有资源优势，成功概率会更高。

如阿里巴巴布局人工智能，就是通过收购旷视科技和商汤科技，这两家公司都是新的独角兽公司，此外，阿里巴巴还投资了专注深度学习处理器解决方案的人工智能科技公司"深鉴科技"，很显然，阿里巴巴投资并购这些公司与阿里巴巴未来的战略是紧密相关的。

第二，在投资并购对象选择上要讲究正确的方法。可着重从"合作伙伴对企业的重要性""合作伙伴对企业的竞争性"这两个方面来考察，我们应选择竞争性低、重要性强的战略合作伙伴。同时，要做好对被投资并购企业的尽职调查，做好估值，对被投资并购企业未来成长性进行研判等方面的工作，从而以合理的价格开展投资并购，更好地发挥资本的增值效应。

第三，对于创新企业，在早期应该采取相对独立的运营方式，不要太早地把它们整合到公司内部。一个成熟企业的组织架构、管理方式、考核方式、激励机制和企业文化，与创新企业完全不同。如果过早干预运营，可能把并购企业的创新力给扼杀了，这样反而会增加企业并购风险。

经济在发展，时代在进步，只有与时俱进，才能走得更远。2018年6月1日，有"互联网女皇"之称的玛丽·米克尔发布了2018年的《互联网趋势报告》，《报告》指出：全球排名前20家互联网公司，中国占9家，它们是阿里巴巴、腾讯、蚂蚁金服、百度、小米、滴滴出行、京东、美团点评、今日头条。在实体经济行业，中国涌现出华为、海尔等世界知名企业，也正展现了中国实力在全球不断增强。中国企业作为推动经济发展的重要力量，我们希望看到越来越多的中国企业通过投资并购登上世界舞台。

战略联盟与合作

战略联盟在市场越来越开放的全球化竞争中扮演着至关重要的角色，它们是企业在全球市场上取得胜利的关键。如今，消费模式、信息技术、客户需求发生深刻变化，单打独斗不再是企业发展的明智之选，合纵连横、优势互补、整合资源，加速转型升级，成为众多企业打造生态系统、突破困局、引领时代的共同选择。我们首先来看看下面的这些例子。

（1）华为与韩国 SK 电信携手合作，共同开发 5G 网络技术；

（2）全球最大的无人机制造商大疆创新与微软合作，共同打造面向企业市场的先进无人机技术；

（3）中国电信携手海尔、创维、长虹、华为、中兴、Marvell、高通等多家公司共同成立智慧家庭产业联盟，以共同提升家庭信息化产品的功能和服务水平；

（4）阿里巴巴与新加坡南洋理工大学合作共同成立 AI 联合研究院，在人工智能领域开展全方位的合作，进一步探索人工智能前沿技术；

（5）美的集团与银河水滴、中科院自动化所达成战略合作协议，共同研发智能家电领域核心技术，尤其是家庭环境远距离步态识别技术，为行业提供创新的智能家电解决方案；

（6）小米公司和武汉大学合作，共建人工智能联合实验室，共同开展人工智能基础性、前瞻性、交叉性及战略性技术研究；

（7）阿里巴巴与百联集团达成战略合作，双方将在全业态融合创新、新零售技术研发等多个领域开展合作。

参与战略联盟的很多公司都是知名的公司，有实力的大公司，也有互联网公司，还有新兴的隐形冠军。这些企业为什么要建立战略联盟？如何确保战略联盟成功实施？这些也是广大企业管理者普遍关心的问题。

什么是战略联盟？战略联盟是两个或多个企业为了实现某一共同的战略目标而形成的一种协作性的合作伙伴关系。战略联盟是通过外部合作伙伴关系而非通过内部增值来提高企业的经营价值，战略联盟可以采取从双方协议、契约到合资企业等多种形式而结成一个松散的非产权关系的联合体。

战略联盟具有如下特点：一是两家或多家公司形成战略联盟后，仍然保持相互独立；二是合作关系具有长期性；三是整体利益的互补性；四是组织形式的开放性。

由战略联盟的定义可以看出，兼并和收购是一家公司控制另一家公司，因而它们都不是战略联盟；战略投资、参股入股由于发生产权变动，在多数情况下，它们也不是战略联盟。

战略联盟从合作内容来看，主要包括联合研发、共同进行技术攻关、联合市场营销、联合成立实验室、共享资源和服务、互派人员进行考察和学习……战略联盟的建立很显然对打造企业生态、促进业务更好发展、提升企业竞争力具有重要意义。

中国电信转型 3.0 战略提出，业务发展重点聚焦五大业务生态圈，其中之一就是天翼物联生态圈。为打造物联网生态圈，2016 年 7 月，中国电信联合高通、华为、中兴、英特尔、博世、SAP、IBM、爱立信、深创投等合作伙伴，共同成立天翼物联产业联盟。天翼物联产业联盟的主要任务就是依托物联网开放平台、物联网开放实验室，广聚合作伙伴，协同开展前沿技术攻关，促进开放协作和资源整合，共同推动产业的繁荣和发展。

天翼物联产业联盟自成立以来，在推动中国电信物联网生态圈建设中发挥了积极作用。截至 2017 年年底，中国电信天翼物联产业联盟会员超过 200 家；

物联网连接数达到 2800 万；天翼物联网生态收入增长近 200%；预计 2020 年，中国电信物联网连接数将超过 1 亿。

腾讯在无人驾驶方面积极开展战略联盟。2017 年 11 月，腾讯和广汽集团达成战略合作，双方在车联网服务、智能驾驶、云平台、大数据、汽车生态圈、智能网联汽车营销和宣传等方面进行合作，共同构建智能网联生态圈。

2018 年 4 月，腾讯又与长安汽车正式签署智能网联汽车合资合作协议，正式成立合资公司。双方将在车联网、大数据、云计算等领域共同打造面向行业的开放平台，为汽车行业提供完整的智能车联网整体方案。腾讯又跟一汽签署战略合作协议，两家公司将在自动驾驶领域“基于高精度地图、自动驾驶算法、仿真测试等方面开展大力合作，联合研发 L3/L4 级面向量产的自动驾驶解决方案及车型”。除了与汽车厂商战略合作外，腾讯还投资了蔚来、威马、自动驾驶初创公司 Drive.ai 等互联网造车公司；腾讯联合国家发改委综合运输研究所、四维图新等发布了腾讯车联“AI in car 生态系统”。腾讯通过战略联盟不断打造无人驾驶生态系统，旨在抢占智能汽车的入口，复制其在移动互联时代的成功模式。

格力与天猫合作成立联合实验室，海尔清华共建联合创新中心，深圳先进技术研究院与美国麻省理工学院（MIT）合作共建脑科学研究所，阿里巴巴与长安汽车合作共建联合实验室，北汽新能源与协鑫集团合作共同推进智慧能源交通建设……关于战略联盟的案例还有很多，这里不再多说。但我们从战略联盟选择的合作伙伴性质来看，大概分两类：竞争性的合作伙伴和非竞争性的合作伙伴。因此，战略联盟也可以分成竞争性联盟和非竞争性联盟。

竞争性联盟中合作双方一般在最终产品市场是直接的竞争对手，如我国三大电信运营商之间的互联互通、基站共享就是这样的例子。三大电信运营商都是直接的竞争对手，合作存在冲突的可能性较大，因此这种合作需要双方保持高度的密切联系，更需要双方本着“诚信、务实、创新”的原则，按照合作框架有序推进，竞争性联盟中保护自身核心竞争力最为重要。而对于非竞争性联盟，由于合作双方不存在直接的竞争关系，在合作过程中需要双方积极投入，密切沟通，按照战略合作目标和要求，加快推进合作进程，同时，做到合作的排他性。

战略联盟是当前应用最为广泛的合作模式，如何使战略联盟达到预期成效是企业管理者需要认真思考的问题。我平时也十分注意观察一些企业，它们十分热衷于搞战略联盟。与某某公司签署战略合作协议常见于报端，但仔细研究发现，这些合作更多的是交易型、销售型合作，而非长期的战略型合作关系。这样的战略联盟更为脆弱，更为关键的是，与签署战略合作相比，战略联盟合作的管理、整合、运营不够高效，具体落实上大打折扣，或不了了之；战略联盟并没有在企业打造生态圈、提升企业核心竞争力中发挥应有的作用。

因此，要实施好战略联盟，需要企业在加强战略联盟管理上下功夫。第一，建立战略联盟要明确战略联盟的目标，目标可以是多个，如打造生态、实现重点技术攻关和突破、提升核心竞争力等。第二，摆正位置，通过战略联盟，要虚心向合作企业学习，通过学习，一方面培养和打造专业化人才队伍；另一方面，努力弥补企业短板，提升企业核心竞争力。第三，战略联盟合作企业千万不能将本该是企业要做的事情全部依赖于合作伙伴，这样的合作只会使企业增强联盟合作的风险，不利于提升企业核心竞争力，合作也不会长久。因此，在实践中，要增强战略联盟合作的灵活性，确保战略合作互利共赢。第四，加强联盟的过程管理，对合作进展、合作成果、合作过程中碰到的问题和冲突以及联盟的不同阶段特征，要及时跟踪、评估和总结，确保战略联盟达到预期成效。第五，在战略联盟合作过程中，要始终保持警惕，以防止自身的核心竞争力或者核心技术及战略优势被合作伙伴窃取，进一步防止合作伙伴通过合作挖走企业的高端人才。为此，企业要做好核心技术、核心竞争力等商业机密的保护工作。

战略联盟是打造生态企业的一项非常重要的工作。越来越多的企业都在开展各种形式的战略联盟。我们相信，那些能有效管理战略联盟、规避联盟风险的企业必将在激烈的市场竞争中立于不败之地。

创新孵化

我国正处在发展方式和新旧动能转换的关键期，大众创业、万众创新正在成为激发全社会创造力、打造发展新引擎的新热点。众创时代，全民创新创业走向新高潮。近年来，全国各地的创业孵化器如雨后春笋般涌现出来，成为承载创业梦想的“摇篮”和“基地”。创业孵化除了能寻找企业新的业务增长点、激发员工创新活力外，创新孵化也是企业打造强大生态系统的一种有效手段，越来越受到一些大公司的青睐。

企业孵化创新，可以在内部进行，也可以面向社会开放。内部孵化是指一个企业鼓励内部员工创业，企业为员工提供资金、品牌、资源、培训、办公等支持，经过内部孵化后，项目脱离原企业，转化为公司化运作。这是一种裂变式创新，鼓励员工成为创业者、合伙人，让一个组织裂变成更多的“小而美”的组织。

面临越来越开放的互联网时代，创新孵化不仅对企业内部员工开放，更需要对社会开放，这样企业创新创业平台才能做大、做响，才能为我国经济转型升级做出更大的贡献，才能从众多的新创成功的公司中投资并购新兴公司，有利于构筑企业持续发展的生态体系，更有利于企业长远发展。

阿里巴巴有一句话叫作："We work for now，we invest for tomorrow，we incubate for future."意思是：我们为今天工作，为明天投资并孵化未来。阿里巴巴始终本着这一理念，以网购为基础，以新零售战略为未来进行投资布局。近年来，阿里巴巴一直关注和投资饿了么、旷视科技、ofo小黄车、七牛云等一些新创公司，不断完善阿里生态系统，不断为企业持续发展注入新的动力，从而进一步扩大市场的领先地位。

腾讯2015年4月开启了众创空间，通过聚合腾讯内部力量，通过多种形态的线下空间与线上能力相结合，为创业者提供包括流量加速、开放能力、创业承载、教育培训、资金筹集等全方位的扶持。同时，腾讯众创空间携手地方政府、金融机构、法律服务机构等合作伙伴，多维度支持创业者的发展。腾讯重点围绕人工智能、文化创意、企业服务、大数据、移动应用、新零售等行业支持创新创业。截止到2017年年底，腾讯开放平台在全国28个城市成立了腾讯众创空间，孵化项目超过100个，估值超600亿元。腾讯通过开放平台和众创空间打开了外部孵化的大门，也将更多有潜力的企业收入麾下。

2016年5月，国务院办公厅印发《关于建设大众创业万众创新示范基地的实施意见》，确立了首批28家国家双创示范基地，其中海尔集团公司、中国航天科工集团公司、中国电信集团公司、招商局集团有限公司、中信重工机械股份有限公司、共享装备股份有限公司、阿里巴巴集团共7家公司入选，其中传统企业达到6家。在2017年6月公布的第二批92个双创示范基地名单中，有21家企业入选，其中互联网公司3家，分别是百度、腾讯和猪八戒网，其余都是传统企业。这些双创基地自建立以来，结合实际，不断探索实践，持续完善创新创业生态，建设创新创业平台，厚植创新创业文化，取得了显著成效，已经成为促进企业转型升级和创新发展的重要抓手。

中国电信在我国国有企业中率先开展创新孵化，是三大电信运营商中最先开展创新孵化的电信运营商。2012年3月，中国电信在上海成立创新孵化基地，同年5月成立了天翼科技创业投资有限公司。中国电信开拓出“基地孵化、天使投资、公司参股、员工控股”的模式，旨在寻找业务新增点、完善业务生态圈、培养互联网人才和打造创新创业文化，重点聚焦物联网、智慧家庭、大数据、互联网安全、新型ICT和电子商务等新兴领域，鼓励员工创新创业。2015年下半年起，中国电信创新孵化面向社会全面开放，并启动了全国孵化行动计划。2015年11月，中国电信张江创业基地正式成立，如今，中国电信已在上海张江、上海杨浦、浙江杭州、江苏苏州、江苏南京、四川成都建立了实体孵化器，主要面向社会招募优质创业项目。

中国电信孵化基地自2012年3月成立以来，截止到2017年上半年，中国电信已成功征集2000多个项目，入孵225个创业团队，24个项目实现公司化运作，昌视、奕行、教百、泽维、微位、翼之城6个公司引入了资本。正是凭借在“双创”中的出色表现，中国电信于2016年5月正式入选国家级首批双创示范基地。

如今，中国电信创新孵化基地已经变成了双创平台，只要创业者有想法、有能力、有抱负，中国电信就会给予大力扶持，并在早期阶段不谋求控股地位，通过对接外部社会资源，降低创业风险。在中国电信迈入转型3.0时代，双创平台必将在打造“生态魔方”中发挥更大的作用。

通过上述阿里巴巴、腾讯、中国电信等案例，我认为创新孵化要发挥在打造生态战略中的作用，企业需要做到以下几点。第一，将创新孵化打造成有影响力的双创平台，遵循平台经济规律，发挥“互联网+”力量，有效对接内外部资源，努力打造创新创业生态。第二，把握创新孵化定位，做专业化的、垂直化的孵化器是未来很重要的一个发展方向。建立“孵化服务、创业培训、天使投资、开放平台”四位一体的模式，全方位地为创业者提供专业性的服务，从而更好地促进创业者成长。第三，围绕打造企业生态系统，通过“创新孵化+投资”模式扶持双创小微企业，企业要用好资本经营之手，积极开展对新创企业的投资，对成长性好、有利于增强企业核心竞争力的创业企业也可以进行收购。第四，在孵化模式选择上，要由简单的招商引资的孵化模式向为我所用的孵化模式转变。企业搞创新孵化，企业和创客不是简单的“房东”和“租客”的关系，企业要为创客提供全方位专业化服务，充分利用外部资源拓宽创新范畴和加快创新速度。

如今，移动互联网、物联网、大数据、云计算、人工智能成为最活跃的行业，孕育着巨大的商机。同时，吸引产业链各方蜂拥而入，市场竞争日趋激烈。企业要更好更快地发展，就必须适应环境的变化，创新企业孵化模式，实现内生驱动和外生驱动的共同发展。创新企业孵化模式的本质就是遵循市场经济规律，以打造良好的生态系统为核心，坚持客户导向，创新合作模式，加大研发投入，强化技术创新，不断推出满足客户需求的产品，通过资本经营之手，扩大企业经营领域，提升企业核心竞争力，在市场、技术、资本和人才之间建立起紧密联系，推动创新体系建设，为实现企业持续健康的发展提供有效支撑。

资本经营路在何方

企业打造生态系统离不开资本经营，资本经营只有不断完善企业生态系统，才能算得上真正的成功。善于运用资本经营的企业，都逐步建立了强大的生态系统，而且通过资本经营，生态系统往往会更巩固、更长久。

资本经营为企业的投融资活动提供了一种新的方法和途径。如今，越来越多的企业走上了资本经营之路，有些企业在这方面很有经验，也取得了巨大的成功，如腾讯、阿里巴巴等；还有些企业则是资本经营的新手，尚缺乏经验，不善于运用资本经营，尤其是我国国有企业，在资本经营上还需要不断学习和探索。

现代企业必须全面掌握市场经济条件下各类资本运作方式，并积极开展资本经营活动，企业方能在竞争激烈的市场大潮中乘风破浪、不断前进。那如何做好资本经营呢？

第一，明确资本经营目标，制订资本经营规划。要使企业的资本经营有效开展，取得成效，真正发挥资本经营在企业转型发展中的作用，应首先确定一个明确的目标，在确定目标的基础上，制订相应的资本经营规划，以避免投资经营的盲目性，确保资本经营达到预期的效果。

企业在制订资本经营规划时，应充分考虑以下几个方面的问题：一是关注资本经营的战略价值，从企业长期的发展着手进行资本经营的布局，要有前瞻性的思考；二是目标要务实，而且具有科学性、指引性、可预见性。一家从事物联网的公司的资本经营目标如果这样提就明显太宏观，如通过资本经营打造强大企业生态系统，不断提升企业竞争力，实现企业可持续发展。换一种说法就更加有效：通过资本经营，有效整合外部资源，打造开放的物联网连接管理平台，2020 年合作伙伴达到多少家，实现业务收入达到多少亿元。三是明确企业资本经营的方式。资本经营方式有很多：上市、并购、投资、战略联盟、股份回购、资产剥离等，在助力打造企业生态系统时，到底选择哪一种，还是哪几种方式，以哪种方式为主体，这些都要明确。从众多企业资本经营选择方式来看，投资和战略联盟占比超过 80%，并购所占比例低于 20%，所以企业应多采取联盟和投资模式，有实力的企业可选择并购模式，但要努力提高并购的成功率。四是对资金的来源给予保障。开展资本经营需要庞大的资金支持，这需要企业做好筹融资相关工作，确保资金的稳定性。五是确定资本经营应围绕哪些领域开展，这一点非常重要。如腾讯现在投资并购活动主要围绕物联网、人工智能、新零售等新兴领域开展。所以说，企业明确资本经营的开展领域十分重要，重点应从企业未来发展的角度开展资本经营活动，为未来进行战略布局。

第二，资本经营力争做到精准，降低资本经营风险。资本经营和风险相伴而生的，做好资本经营需要企业对资本经营风险要有客观的认识。资本经营风险包括战略风险、扩张风险、运作风险、整合风险和政策风险。战略风险是指由于资本经营战略失误或企业不重视资本经营规划而导致资本经营的盲目性从而最终导致资本经营的失败；扩张风险是指通过资本经营迅速进行业务扩张而进入众多领域从而增加企业管理难度和分散企业资源，也就是什么都想做的风险；运作风险是指由于缺乏资本运营经验，资本经营运作方式方法应用不当和缺乏资本经营专业人才而导致资本运作没有达到预期效果的可能性；整合风险是指并购公司取得被并购公司的控制权后，在整合、接管的过程中所遇到的因管理、财务、人事、企业文化等因素而出现的不确定性，以及由此而导致的并购失败的可能性；政策风险是指在资本经营过程中由于对政策缺乏正确把握而出现违规的可能性，由此影响资本经营正常开展或导致资本经营失败。

资本经营的风险客观存在，为提高资本经营成功率，真正发挥资本经营在打造企业商业生态系统中的作用，关键要做到以下几点。一是做好资本经营研究分析和风险防范工作。企业要开展投资并购，必须要对投资企业和被并购企业所在行业进行分析以及对行业中的企业进行筛选比较，对被投资并购企业开展尽职调查，做好被投资并购企业财务状况、竞争实力、发展潜力和估值分析以及评估，加强对资本经营的跟踪和评估，以细致的分析和研究为导向，从而提高企业资本经营管理的科学性和有效性。二是做好被投资并购企业的选择。从大的方面来看，企业应注重长远发展和弥补自身核心能力，多选择一些新创具有成长性的中小企业进行投资并购；同时，要能围绕企业战略，选择具有强业务耦合性和相互赋能的企业开展投资。三是企业要成立专门的资本运作的部门，要有一支专业化投资和并购的团队，针对每项投资并购活动应成立专项联合工作组，开展资本运作分析、谈判、合作推进和整合等工作，定期开展沟通会，协同解决资本经营过程中遇到的各种问题。腾讯开展并购时，每个收购项目都成立了“联合融合小组”，一般有100天的融合期，这个小组中，有投资部门的人、有业务线的人，还有财务、人力、法律等部门的人，在期间内，融合小组每一个星期或半个月开一次会，100天之后，还要半年一次的沟通，直至这个团队完全融入腾讯。

第三，开展资本经营要以做强、做大核心业务为基础，逐步拓展。面对智能互联新时代，企业转型发展面临各种各样的机遇和诱惑，一些企业为加快发展，不是专注于某一业务领域，而是不顾自身能力，在核心业务没有做强、做大的情况下，通过开展投资并购等资本经营活动，不断拓展新的业务领域，好像企业无所不能，导致企业由于资本扩张过快而出现分散企业资源、在诸多业务领域都做不好的局面。因此，开展资本经营活动切忌为开展而开展，更不要在核心业务不强时就盲目开展资本经营，这样缺乏基础支撑的投资并购往往会拖垮企业。

开展投资并购等资本经营活动要正确处理好资本经营与业务经营的关系，资本经营不能脱离业务发展盲目扩张，更不能搞题材，追求短期投资收益。在加速资本经营的同时，要加快创新业务发展，打通业务单元与资本投资单元的管理壁垒，不断提升创新业务的核心竞争力，实现资本经营与业务发展的双轮驱动、协同发展。

开展投资并购等资本经营活动要始终专注于核心业务领域，一定要加强和巩固核心业务在本行业的优势地位，在此基础上围绕打造生态圈、提升核心能力、寻找新的业务增长点有效开展。腾讯的投资和并购是非常成功的，腾讯正是在做强游戏、社交的基础上不断拓展业务边界，开展大量的投资并购活动，不断完善腾讯生态圈，同时为腾讯带来巨大的投资回报。自 2011 年到 2017 年，腾讯已经投资了超过 600 家公司，投资金额超过 1000 亿元，2017 年腾讯非控股权收益高达 210 亿元，比 2016 年增长近一倍，而 2013 年这一数据仅为 5 亿元；同样，小米科技也是在做精、做强、做大小米手机的基础上，通过投资空气净化器、移动电源、手环、插线板等进行布局，不断打造小米生态链。

第四，建立和打造一支适应企业转型的资本经营专业队伍。搞好资本经营关键在人才。资本经营是一项高智力的工作，对从事资本经营的人才综合素质要求很高。建立一支善于资本运作，懂技术、懂管理、懂业务、经验丰富的资本经营专业队伍对企业有效开展资本经营、实现企业转型发展至关重要。这方面要求企业要成立资本经营的专业部门或公司，然后通过内外部招聘和整合，企业要有“一帮人”专职从事资本经营工作。对资本经营人才的要求，最为重要的是做好资本经营“一把手”的选聘工作。一家企业好不好看“一把手”，一家企业资本经营做得好不好，成功不成功，还是看“一把手”。因此，企业对于任命资本经营专业部门或投资公司“一把手”要高度重视，真正把有水平、有能力、有经验、有胆识的高级管理人员推向“一把手”宝座，并赋予其相应的自主权。腾讯投资并购始于 2005 年，真正起航是在 2011 年，腾讯投资并购在行业内做得风生水起有目共睹，其成功的关键就是从高盛引入刘炽平，他到腾讯被任命为首席战略投资官，负责腾讯战略、投资、并购与经营投资者关系等方面的工作，2005 年成功收购 Foxmail 是其负责资本经营的处女秀。还有一位就是从谷歌挖来的彭志坚，他担任腾讯投资并购部总经理，一手建立了腾讯的投资并购体系，主导了腾讯对京东、搜狗等重量级互联网公司的投资。但最知名的案例是腾讯对滴滴出行投资，彭志坚主导的腾讯首次入股滴滴出行，颇有几分传奇色彩。

总之，随着市场经济的发展，资本经营越来越受到企业的青睐，资本经营一方面给企业带来了更大的发展机会，另一方面也给企业带来了风险，可以说是风险和机遇共存，如何对资本经营进行管理成为当前我国企业共同面临的问题。无论是投资、收购兼并，还是战略联盟，任何企业都要紧紧围绕以增强企业核心竞争力、打造良好的生态系统、促进企业持续发展为核心进行战略布局，不能为投资而投资，不能为收购而收购，要从发展大局系统谋划，使企业充分享受趋势发展带来的红利。

第九章

组织生态：生态战略的重要保障

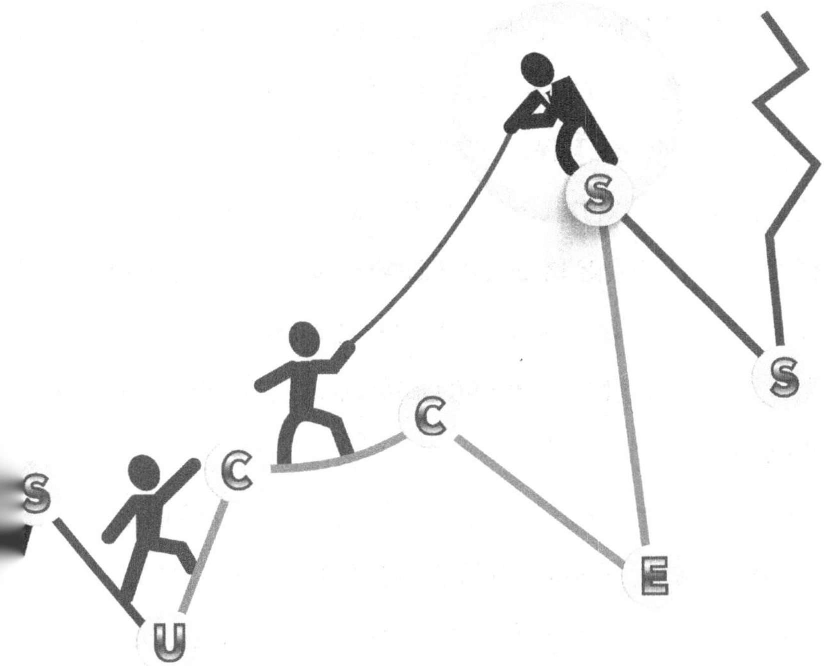

我长期关注和研究组织的运营管理，从中深深地感受到，组织运营更加高效是组织发展所追求的目标，这也是好企业与差企业的区别之一。组织运营是否高效受多种“变量”的影响，有外在环境的变化，有内在因素的影响，但衡量组织运营的有效性的标准有很多——高效、创新、卓越、成功、健康、优秀等。同样，企业要成功实施生态战略，靠的是企业的高效运营。可以说，组织健康运营是成功打造商业生态圈的重要保障。

我研究生毕业后一直在中国电信工作，切身感受到高效的运营管理对企业发展的重要性。关于组织的高效运营，总让我有敬畏之心，总让我感到传统企业离高效运营尚有差距。那么，什么是组织的高效运营？这里我阐述几点帮助大家理解。

组织的高效运营一定是开放性的。任何一个企业或组织，它不可能拥有生产经营的所有资源，必须依赖外部组织和市场。同时，作为一种社会组织，企业又要与文化、教育、卫生、体育、环保、公安等各部门发生往来，从而获取企业生产经营所需的资源，包括原材料、劳动力、设备和信息等，有了这些，就看企业如何运作了。如今，任何组织都成长在不断变化的环境之中，面对深化改革开放的大环境，企业只有不断与时俱进，实现与外部环境互动，而且要在环境变化之前做到主动求变，这样企业才能更好地适应环境，才能确保企业高效运转，提升组织运营效率。

高效运营的组织一定是一个学习型组织。创建学习型组织对于提升企业文化，推进管理创新，提升企业核心竞争力，在快速多变的市场环境中寻求生存和发展具有重要的战略意义。学习型组织是一个能使组织内的全体员工全身心投入并有持续增长的学习能力的组织。学习型组织一方面提升员工专业能力，实现个人与工作的真正融合，充分体现员工价值；另一方面提升组织的学习力，使企业具备不断改进的能力，提高企业的竞争力。企业学习力提升的核心是知识的积累和沉淀，拥有知识型员工。因此，企业要极力营造学习型组织，就需要在组织内加强知识管理，实现知识的流动和共享，留住知识型员工，从而使企业不断适应和创造未来。

组织的高效运营一定是高效协同的。企业的组织架构如同人的肢体，必须合理高效协同，企业才能行稳致远，运作自如。高效协同要求企业各层级的分工协作、职能定位必须服从于企业总体目标，局部利益要服从整体利益。对组织架构的各个单元，赋予特定任务、目标、职责和权限，它们共同构成一个有机的整体，相辅相成，缺一不可。在协同中，要求广大干部员工以饱满的精神状态、精益求精的工作作风，完成企业重大任务，这不仅折射出企业顾全大局、团结一心的精神，也进一步提升了协同能力，进一步彰显了“1+1>2”的协同效应。

组织的高效运营一定是与利益相关者共生的。当组织考虑为各利益相关者创造价值、实现共融共生时，往往会提高组织运营效率。利益相关者有外部的，也有内部的，外部包括供应商、合作伙伴、客户、社区、政府等，内部包括企业与员工、各部门、各战略业务单元。考虑利益相关者的要求，企业要为客户、员工、股东创造价值，切实履行企业社会责任，实现企业、员工和利益相关方的多方共赢。

组织的高效运营为有效实施生态战略提供了坚强的保障，组织高效运营客观上需要一个健康的组织生态，这需要从组织、授权、运营、考核、文化、领导力等方面系统思考和设计，这些也是激发组织活力的核心内容。

组织模式灵活性

传统企业组织结构经历了直线制、职能制、直线职能制、事业部制和矩阵制等多种不同的组织形式。它们有着共同的特点，就是基于传统企业科层式的组织模式，层级很多，分得很细。这种组织模式是以分工为基础，是工业经济时代的体现，最主要的特点是标准化，组织机构越来越庞大，越来越臃肿，组织效率低下。

这种传统的组织模式的弊端在互联网时代逐渐暴露出来，主要体现在：一是助长了企业管理的行政化和官本位的风气，影响企业发展；二是严格的层级制度降低了运营效率；三是部门墙难以打破，部门之间难以协作；四是企业缺乏创新氛围，员工潜力难以发挥；五是企业难以应对外部环境的变化。海尔集团 CEO 张瑞敏曾说过："鸡蛋从外面打破是食物，从内部打破是新生。"对海尔来说，需要的就是从内部打破，即自我突破、自我颠覆、自我挑战。管理学家彼得 · 德鲁克在其《21 世纪的管理挑战》一书中指出："企业和今天所有机构的组织设计，都要以改变为常态，而且要主动积极地改变，不要只是被动地回应。"如今，传统工业时代的大而全、等级分明的组织模式难以适应互联网时代的发展要求，必须对企业组织模式进行重新架构，做出改变，以应对互联网经济浪潮的冲击。

公元前 7 世纪时，希腊诗人阿尔奇洛克斯曾这样描述两种小动物："狐狸知道很多的事，刺猬则只知道一件大事。"当刺猬受到威胁时，它永远只会以一种方法来对应，即卷成一个球；而狐狸受到威胁时表现得非常灵活，它能想到聪明的办法，能灵活巧妙地去应对这件事情。狐狸和刺猬的这个故事告诉我们，面对企业内外部市场化环境的变化，提高组织的灵活性至关重要。

以往，大公司可以凭借自身优势挤压中小竞争者，但是今天，借助"互联网 +"的力量，小企业赢得了不同以往的竞争环境和灵活优势，大企业反而因为内部管理层级过多、信息传导失灵，对市场反应速度变慢，加速了企业与市场需求的"脱节"。如何保持对技术、趋势的灵敏度以及组织活力，成为众多大企业领导者思考的问题。

互联网的去中心化、去中介化和去权威化是促进组织模式变革的重要力量。从对阿里巴巴、海尔、谷歌等转型比较成功的企业组织运营模式分析来看，这些企业柔性化特征十分明显。一是以项目团队取代层级结构。企业能够根据项目任务，从各个部门抽调人员组成工作小组或团队，这样的组织模式能提升组织的灵活性和应对市场的快速反应能力，这就是组织化大为小的魅力所在。二是组织成员的柔性组合。形成内部人员有效流动的机制，员工都有展现自我、充分发挥优势的机会，可以在组织内实现共享，员工价值得到最大化的发挥，在这种情况下，员工不再固化在某个部门或某个岗位。三是管理的自我颠覆。组织管理者从控制转向服务，从监督转向激励，从命令转向支持。组织管理者需要借助信息网络技术以帮助员工实现自我管理。例如，搭建信息平台，帮助员工在相互尊重和信任的基础上进行知识与资源共享，协作完成组织目标。四是组织扁平化和无边界。互联网以及各种信息化系统在企业广泛渗透和应用，打破部门界限，能实现企业高层与员工的零距离，同时为企业减少中层创造条件，从而进一步推进组织的扁平化。

阿米巴经营的本质也是化大为小，就是以各个阿米巴的领导为核心，让其自行制订各自的计划，并依靠全体成员的智慧和努力来完成目标。通过这种做法，让第一线的每一位员工都能成为主角，主动参与经营，进而实现“全员参与经营”。英国经济学家舒马赫（E.F.Schumacher）认为小企业更有活力和创造力，而大企业只有“由大变小”，才能克服企业规模变大后所引发的机构僵化、效率低下等种种弊端。在这种理念的指导下，越来越多的大企业尝试着将公司一个个拆小，企业由金字塔式组织变成了网状组织，组织更具灵活性，从而激发个体的创造力，不断适应新的挑战。

海尔通过“人单合一”模式实现向互联网平台企业转型，实践“用互联网改造企业"，就是不做以自我为中心的组织，实现企业无边界，打造一个组织生态。海尔从"砸冰箱"到"砸组织"，2013年，海尔辞掉1.6万人，最后剩7万人。一年后，海尔辞掉了1万多名中层管理人员，海尔员工缩减到6万多人，从而海尔变成了一个创业平台，成立了3000多个自主经营体，最小的只有7人。每个小微企业设置一个小微业主，相当于项目负责人。设置进行量化分权，充分调动自主经营体和广大员工的积极性，使海尔更有活力和竞争力。

阿里巴巴内部有了新项目，公司便从不同职能部门抽调人员，组成虚拟化的项目小组，这些小组、人员仍属于原来的部门，且依然要完成原有部门的工作。不过，随着项目的发展，项目越来越实体化，虚拟小组变成了实体组织，成员也就成了新组织的一员。支付宝就是原来淘宝财务小组的一小撮人将这个小组实体化成了国内最大的第三方支付公司。

阿里巴巴组织架构的调整速度非常快。仅在2012年，阿里巴巴就发生过3万人次的员工调整，而阿里巴巴员工总共也就24000多名。2013年5月，阿里巴巴对组织架构进行了调整，成立刚半年的七大事业群就被拆分为25个事业部。随后的3个月，阿里金融集团之下又成立了4个事业部，把大公司拆成小公司运营，实现由"大"变"小"，从而提高组织的灵活性。

将大公司拆分为若干个各具特色的小公司，其主要的指导思想是企业内部市场化，将市场机制引入企业内部，分权管理、人本管理，实现"成本最小化，利润最大化"，增强企业竞争能力。内部市场化的标准化定义是借助外部市场交易的原则，把市场机制引入企业内部，以经济结算关系代替企业内部的分工协作关系或行政隶属关系，形成以经济结算为主、行政命令为辅的管理方法，从而使每一个企业内部单位都转变成独立的经济核算单元。

在过去的几十年中，很多国有企业习惯了企业重组，打造行业内具有绝对规模优势的巨无霸企业。现如今，占领垂直细分市场正成为新的发展趋势，精细化、专业化成为新的管理要求。在这种环境下，大型国有企业迫切需要跳出片面追求规模的思维定式，重新整合自己的核心业务，按照垂直细分领域进行拆分经营，这样才能有效推进改革，抓住发展机遇。

随着互联网的快速发展，组织模式变革的一个新的趋势就是“云组织”。传统企业组织模式是“一个萝卜一个坑”，员工创新活力受到抑制。但在“云组织”中，员工潜力得到释放，知识能够共享，人力资源能够随需求被调用，利用效率提高至最大。这种“云组织”打破了组织的边界、尊重了员工的个性、最大限度地激发了员工创新活力，受到企业界的广泛关注。

总之，组织变革和创新要以适应市场环境变化为根本，以构建柔性的组织模式为目标，围绕客户价值柔性组合内部资源，内部组织不再是层级结构，而是小组结构，每个小组都直接面向用户，对最终价值负责。组织模式变革，要让组织可以根据客户需求和市场变化重组组织要素是极为重要的，这一点，对于大型企业来说，挑战更大，但是无论挑战有多大，打破内部平衡，让企业更具柔性是必然的选择。

学会授权

刘备死后，刘禅继位，诸葛亮担任丞相，一直到第五次北伐时期病死五丈原，总共当了 14 年丞相。期间诸葛亮日理万机、事必躬亲，乃至“自校簿书”，军中凡三十军棍以上的惩罚，诸葛亮都要亲自过问，除了军政大事，诸葛亮还要研究阵法，设计兵器，运输工具，终因操劳过度而英年早逝。

诸葛亮“鞠躬尽瘁，死而后已”的精神无疑是值得鼓励和传颂的，但他的事必亲躬的做法并不值得效仿。对于一个企业管理者来说，各方面的能力不一定都要高于下属，但在用人方面一定要有过人之处，要做到知人善任，最重要的是学会授权，找到合适的人，放到合适的位置上去，然后放手让他们去干，没有必要事无巨细。这样一来，手下的人才能得到锻炼，能力会越来越强，自己可以放下众多琐碎之事，专心致力于治企方略，这样企业才能健康发展。

企业生态战略构想再伟大，要有人将它付诸实践，这一切靠的就是执行力。而高效的执行力是建立在充分放权基础上。华为就是一家充分放权的公司。“让一线直接呼唤炮火”，加大、加快向一线组织放权，华为一线真正拥有了“将在外，军令有所不受”的决策权。华为消费者业务集团之所以后来居上，跻身全球智能手机前三强，2017 年，消费者业务销售收入达到 2372 亿元，同比增长 31.9%，占公司总营收的比例达到 39.3%。关键是华为给予消费者业务集团余承东充分放权，让其真正拥有人、财、物等实权，可以根据市场变化，快速响应客户和消费者的需求。

同样，海底捞也是一家充分授权的公司。海底捞鼓励每位员工积极参与企业管理中来，海底捞的中高层管理人员都有一定权限的审批权。在海底捞，一线员工也有一定的决策权，如一线员工可以根据情况免费赠送一些菜给顾客。还具有免单权，如果当天是顾客一个特别的日子，比如结婚纪念日，一线员工则可以自行决定给顾客开设雅间，或赠送果盘，在菜的价格上给予一定的折扣。放权给员工的做法给海底捞带来利益的同时，也大大增强了员工的自信心，激发了员工的主人翁精神。

关于授权这里我再举一个中国移动无线音乐的例子，让大家更好地认识到授权的重要性。在三大电信运营商中，中国移动最早实行基地化运作模式，2006 年 5 月，中国移动无线音乐基地在四川成都成立，由当时四川移动数据部总经理李向东全权负责。音乐基地独立运营，李向东在无线音乐运营上拥有绝对的话语权，在李向东带领下，无线音乐基地短短 4 年就取得了骄人的成绩。

2009年无线音乐业务收入持续超过百亿元，带动全网收入超过220亿元，无线音乐基地也成为当时中国最大正版音乐库和交易量最大的网站，有98%的新歌选择其作为首发平台。

无线音乐基地之所以取得骄人的战绩与中国移动充分采取授权的基地模式是分不开的。然而，2010年3月，李向东携款出逃在中国移动引起震动，导致电信运营商对基地模式产生了质疑，重新收回对基地的控制权。我认为，无线音乐基地的成功正是适应充分授权的管理变革而取得的，不能因为出现“李向东事件”而否定授权在激发组织活力中的重要作用，而应该更加坚持充分授权的基地模式，同时做好监督约束机制。

授权就是权力下放，这是推动企业成长的根本动力，企业要学会授权，需要从三个方面做出努力：划小单元、鼓励试错行为和打造自组织。

第一个就是划小单元。阿米巴经营的一个重要特点，就是通过划分阿米巴组织，让各个阿米巴通过独立核算制进行独立运营，阿米巴经营就是一种“充分授权”的管理模式。海尔的“自主经营体”“小微企业主”、中国电信的“划小承包”等都是阿米巴经营的生动体现，其核心就是充分授权。

划小单元对企业发展来说有两个重要价值，一是培养具有经营意识的人才。经营权下放后，各个小单元的负责人会主动树立“自己就是经营者”的意识，从而增强经营的责任感，尽可能努力提升业绩。这样由“被动”工作转变为“主动”作为的行动，毫无疑问，有助于企业培养和锻炼一批经营人才。二是实现全员参与经营。划小单元就是让每位员工都参与各自小单元，都为着各自的目标而努力工作，自然在工作中享受人生的意义和成功的喜悦。

在海尔，有3000多个自主经营体，每个自主经营体单独核算，独立经营，自担风险，员工由以往听领导的转变为直接面向市场，用户需要什么，就必须满足什么，员工由企业付薪转变为由用户付薪，员工从一个被动的按照指令完成任务的“打工者”，到按照市场规则，通过自主经营，实现最大化自我价值和最大化企业价值的“经营者”。在海尔，人人都是CEO。海尔“人单合一”的自主经营体，是管理模式的创新，通过充分授权，从而最大程度激发组织活力和员工创新动力。

划小单元在中国电信得到有效开展，开创了国有企业全面深化改革试点的先河。2013年起，中国电信开启了一场以市场化为方向，“划小承包”为牵引的改革，在改革过程中，中国电信上下联动，不断实践，不断对改革内容进行丰富和完善，如今建成了以“划小承包、倒三角支撑、专业化运营”为核心的市场化改革体系。中国电信的划小承包以“划好责任田、选好责任人、建好责任制”为关键，经营单元划到最小，打破岗级、资历、身份等限制选拔承包人，即“小CEO”；按照责权利一致的原则，充分放权，赋予承包人自主用人权、考核分配权、资源支配权等配套权利。迄今，近20万中国电信员工参与内部创业，诞生了2.5万名“小CEO”。中国电信经营核算单元从市、县公司进一步划小为农村支局、城市支局、营业厅、政企团队、装维班组等基本经营单元，把每个单元变成独立核算、自负盈亏的自主经营体，进行动态优化，实现企业组织资源的市场化配置。中国电信划小承包改革的不断深入，很好地解决了企业改革最核心的问题，充分调动了一线员工的积极性，使得企业发展活力不断增强，市场竞争力显著提升，连续5年收入增幅高于行业平均水平，改革红利逐步释放。

第二个是鼓励试错行为。美国硅谷（Silicon Valley）是一个神奇的地方，这里诞生了英特尔、思科、雅虎、eBay、谷歌、特斯拉、Facebook和YouTube等许多伟大的公司，涌现出谢尔盖·布林、彼得·蒂尔、埃文·威廉姆斯、马克·扎克伯格、史蒂夫·乔布斯等伟大的人物，这里也是全世界顶尖互联网公司的聚集地。为什么硅谷能成为全世界范围内创新创业的圣地？关键在于硅谷拥有的多元文化，宽容失败，以及追求卓越，拒绝平庸的创新环境，正因为这样，硅谷集聚了创业创新的超级能量。

3M 公司是一家创新能力很强的公司，可以说是创新的同义词，每年开发数百种新产品，全球有 50% 的人每天直接或间接地接触到 3M 公司的产品。3M 公司之所以取得如此成就，关键在于积极倡导“只有失败，才有创新”的理念，鼓励创新，宽容失败，但决不允许重复同样的失败。在 3M 公司，管理层做到“耐心倾听任何一个人的原始创意，无论当初有多么荒诞不稽”“鼓励，而不是吹毛求疵，让员工带着创意前进”。3M 公司致力于“尊重每一位员工的价值，并鼓励员工创新，为员工提供具有挑战性的工作环境及平等的发展机会”。在 3M 公司，创新人员失败后，一般情况下，薪金、待遇，甚至晋升都不会受到影响，使得员工为创新冒险，而无后顾之忧。公司在开发隔离胶带产品时，经历多次失败，每次失败后，研发人员得到的不是打击，而是鼓励与支持。正是在公司宽容失败的文化鼓舞下，研发人员不怕失败，反复试验，最终隔离胶带成功上市，并很快成为公司的核心产品。在 3M 公司，创新得到领导的大力支持，充分授权，对员工实行弹性工作制，甚至可以在家办公，对创新人员开绿灯；产品创新小组由各种专业人才全力共同参与，大家全是自愿者，具有相当的自主权。

创新是对未知的探索，是一个不断试错的过程。创新是企业持续发展的源泉和动力，企业只有营造良好的创新环境，创新才能成为广大员工的自觉行为，才能厚植于企业之中。

创新是有成本的，有尝试、实验的成本，也有失败的成本。一次成功的创新往往都是以多次失败为代价的，但没有什么比害怕失败更抑制创造力。一旦冒险就受打击，一旦犯错就受到惩治，最后，谁也不会去创新，谁也不敢去创新，更别谈什么创新成果了。创新往往要经过很多失败，才取得最后的成功。创新需要时间，需要经历失败。因此，创新需要有包容的制度、文化和环境作为保障。企业要对员工的大胆尝试有耐心和容忍度，给员工设计一定的期限和成本的投入，帮助创新者获取各类所需资源，如项目失败，要提供关怀，保护创新者。能否宽容失败、尊重员工个性品格，体现一个企业是否具有长远的眼光和包容的心态。一个鼓励创新、宽容失败的企业，才是一个独具魅力、充满活力的企业，才是一个具有强大吸引力和向心力的企业，才能最大程度上激发员工创新潜能。

第三个是打造自组织。当下，面对混沌的不确定的外部环境，自组织越来越受到企业管理界的关注。彼得·德鲁克说过“知识工作者必须要自我管理，他们必须有自主权”。可以说打造自组织能很好地实现员工的自我管理和拥有自主权，而且实现自组织管理有利于提高组织适应内外部环境变化的能力，激发组织活力。

所谓自组织，是指特定的组织、企业、个人，以共同的目标和愿景，以共同的兴趣和利益，以共同的事业，自发聚集而组成的团体、组织的现象。实际上，自组织现象广泛存在于自然界和人类社会中，它着重强调在一定条件下，组成系统的各个元素，不需要外界的干预，便能够自发组织起来，相互协同，最终使系统表现出从无序到有序的运动状态。海尔的小微经营体、华为的“三人战斗小组”、百度的小团队制、韩都衣舍的“产品小组”以及我们常常看到一些公司自发成立的各类“兴趣小组”，其实都是在进行自组织管理的探索。

由于自组织是一群人基于关系自愿的原则主动结合在一起的组织形态，相比传统管理模式，自组织管理具有以下六个特点。

第一，自组织有着共同的愿景、目标将一群志同道合的人聚集在一起，愿景、目标为自组织在混沌与迷惘之中找到方向与明灯。因此，自组织的战略是一种方向、一种状态，绝对没有什么五年规划、十年规划。

第二，自组织是一个系统内部从无序到有序的过程。这一过程形成新的治理模式，有别于建立在交易关系上的市场治理，或者建立在自上而下权力关系的层级治理，而是一种平等自愿、相互协作、相互支持的自治理模式。

第三，自组织没有非常明确的角色分工，每个人的角色也不是固定不变的，有时候一个人要扮演多重角色。在自组织中，一个人在组织中不再是基于分工体系固定在一个岗位上，扮演一个固定的角色，一个人的角色可能是多重的，互相联系的就需要具备多种技能，某种时刻可能需要你有领导和组织协调才能，另一种时刻又需要你有一线工人的操作技能，当你具备这些能力时，你就完全可以成为一个中心，可以调动组织内很多资源去完成一个目标。

第四，自组织内部是高度信任的授权体系。在自组织中，一定是高度授权的，高度信任的，每个人都会主动去负责，主动去追求协同，想尽办法完成目标和任务。自组织强调的是员工自主地进行价值创造。

第五，自组织是网状结构形态。它不再是过去那种矩阵式或者是直线式的结构，而是一种基于价值的网状结构形态。在非线性、网状的结构中，任何一个变量或要素都有可能带来颠覆性的创新。在网状的结构形态下，我们强调要找到自组织的引爆点，通过试错战略，不断地去寻找引爆点，然后把这种引爆点变成实实在在的颠覆式创新。微信就是腾讯的引爆点，微信覆盖了中国 90% 以上的智能手机，它创造了一种新的商业模式，引领了一种新的生活方式。

第六，自组织权威是分布式的、多层次的。过去企业的权威是自上而下的领导权威，正如“官大一级压死人。”在自组织中，权威来自专家权威、流程权威，现在企业权威由原来的自上而下的行政命令的权威转变为多元的、纵横交错的权威，每位员工都有可能成为权威。未来在企业中，更多的是要听专家的，听权威的，而不再是什么都听领导的。

授权经营是现代企业管理的重要手段，授权是一门学问，也是一门艺术，有效授权能最大程度上激发组织活力，提高企业快速占领市场的反应能力。除了上面介绍的授权的内容外，授权的方法和途径还有很多，我相信每家企业都会根据自身的企业特点寻找适合自己的方式。这里，我需要提醒的是，企业发展和员工成长最好的途径就是做到责权利相统一，得到授权就必须承担责任；同时，要做好授权的分析和监督，从而使授权达到良好的效果。

提升生态运营能力

生态战略已成为众多企业的战略选择。说起生态战略，每家企业管理者都会如数家珍，都知道怎么去做，不就是寻找合作伙伴，搞合作、联盟、收购、投资吗？但为什么阿里巴巴、腾讯、华为、小米、苹果等公司生态圈的建设如此成功？为什么乐视、诺基亚等公司打造的生态大厦却轰然坍塌？当然，背后的原因是多方面的，其中运营能力是决定生态战略成败的关键。这里的运营能力更多是针对如何实施生态战略的范畴，这里我提出“生态运营”的概念。

所谓生态运营是指根据企业生态战略的目标要求和重点发展路径，按照科学的方法，制定更具适应性、可操作性的策略，使企业有效开展整合内外部资源、实现高效运营的各项活动的总和，最终表现在于能否打造强大生态系统，能否提升企业市场竞争力，能否促进企业可持续发展。生态运营能力是企业打造生态系统的整合能力、执行能力、管理能力和创新能力的总和。所以说，企业要打造强大的生态系统，提升生态运营能力至关重要。

管理学家彼得 · 德鲁克曾说过：管理不在于“知”，而在于“行”。生态运营回答的是怎么做、如何做的问题，但前提是生态战略和目标是正确的，否则就是在错误方向上前进，那就是错上加错，越努力越失败。执行不力、运营无方，再好的生态战略也不过是写在纸面上和挂在墙上的口号，正所谓“运营决定成败”。

“空谈误国，实干兴邦”，说的就是要实现中华民族伟大复兴就必须求真务实，真抓实干，脚踏实地，扎扎实实工作。本质就是说要狠抓落实，强化运营。对于正在全面实施战略转型的企业来说，提高生态运营能力是企业打造强大的生态圈的重要力量。

如今，移动互联网、物联网、“互联网+”快速发展，人工智能（AI）、AR/VR更是突飞猛进，5G商用就在眼前，机会不可谓不多，传统企业转型积极进入新的领域，但成功者不多，为什么？有人说是传统行业DNA不适应进入新的业务领域，还有人说传统行业机制体制存在问题，不灵活，等等。说的都有道理，但我认为一个重要原因是企业运营能力不强，缺乏强大的执行力，这已成为制约企业成功转型的瓶颈。

举一些例子则可以说明问题，我们都知道打造研发生态系统的重要性，就是提升自主创新能力，打造开放技术创新平台，加强产学研用的合作，成立产品研发联盟，共建开放实验室……但在实践中，一些企业的具体做法导致企业研发能力没有得到有效提升，研发成效不太显著。主要表现在：不注重自主研发人才的培养，分配没有向研发人员倾斜，导致核心人才大量流失；在研发创新上实行过多的外包，缺乏核心能力；研发合作注重形式，在实际操作中缺乏抓手；研发机构过分看重市场化运营，偏离了研发的本质定位，等等。这些都是运营能力不足、缺乏创新的体现。

再比如，我们都知道移动互联网业务发展要取得成功的关键就是要做好战略定位、产品定位和客户定位，坚持开放合作，打造生态系统，推进商业模式创新，建立市场化机制，等等。但在实际运营中，的确是有差距的，主要表现在：产品好像是服务全客户，什么都要做，什么热就做什么，这是战略定位不明确的直接表现；对战略单元的考核注重短期效益，KPI压得新兴战略单元为完成指标“耍小聪明”，新业务拓展还没有摆脱对传统路径的依赖；免费是互联网发展的重要特征，但一些企业在用户规模没有做大的前提下，向用户收费，吓走用户；生态系统建设上喜欢搞轰轰烈烈的签字仪式，喜欢搞交易型、销售型合作，战略合作比较脆弱，缺乏长期性；进入新兴业务市场，理应启用新的品牌，但实践中，只是简单地进行品牌延伸，等等，这些都是运营缺乏创新的表现。

当前，我国部分企业在打造商业生态的过程中的确存在不少问题，偏爱横向一体化，进入业务领域太宽；有些企业喜欢搞资本经营，忙于各种合作、投资和并购等，而忽视业务经营，不注重生态基石的打造；在选择战略投资和并购的企业时，对被投资或被并购企业研究和估值等方面做得不好，存在投资并购的盲目性，导致投资并购效果大打折扣，造成不必要的损失；对生态系统建设、外部合作伙伴的管理、整合、运营不够高效，运营经验不足；还有一点就是有些企业没有打造良好的内部生态圈，战略单元、各部门之间相互支持、相互协同力度不够；各业务之间、各子生态系统之间相对独立，没有形成协同有效和相互促进的有机整体，还有些企业在社会责任履行上做得不够，欺诈消费者，采取非正当手段打压竞争对手，等等，这些都是生态运营不够有力的表现。

还有一点我在这里提一下，希望能引起企业的高度重视。我们都知道企业的发展关键在人才，要尊重知识，尊重人才，坚持以人为本，不拘一格降人才，建立市场化激励机制，等等。但在实际操作中，可能由于缺乏公平、公正、科学、有效的考核激励体系，导致企业内部不公平感还普遍存在，这必然影响到干部员工的战斗力和创新激情。

以上这些都是企业在生态运营上缺乏互联网思维、对生态发展规律缺乏深刻认识和运营缺乏创新的直接体现。企业转型发展的宏伟蓝图和打造具有竞争力的生态圈客观上要求企业策马扬鞭，要有使命感、紧迫感、危机感、饥饿感和机遇感，充分认识到提高生态运营能力的重要性，在很大程度上提升运营能力要比战略本身更为重要。因此，企业要打造商业生态系统，促进企业更好更快的发展，提升驾驭市场的生态运营能力关系到企业转型的成败，关系到生态系统建设的成败。提高生态运营能力，我认为应重点做好以下六个方面的工作。

一是以科学理论和方法为指导，实现科学管理、高效运营。要以价值链理论、核心竞争力理论、生态系统理论、平台经济理论、资本经营理论、战略联盟理论、组织行为学等现代企业管理理论为指导，重点引入现代管理工具，如杠杆收购、战略地图、战略规划等。通过引入现代管理方法和工具，充分运用到实施生态战略全过程运营管理中去，实现企业科学管理，不断提高企业驾驭市场经济的能力，促进企业健康运营，确保生态战略有效实施，达到预期成效。

二是遵循客观规律，按规则办事。能否打造强大的商业生态系统，关键就是要遵循客观规律，包括市场经济规律、企业发展规律、互联网发展规律、生态发展规律和创新发展规律。“两家法则”是移动互联网发展的重要规律，这就需要企业增强发展的危机感和紧迫感；打造生态基石是生态圈建设的基本规律，客观上需要企业要花大力气做精、做优、做大基石业务，在此基础上不断拓展新的业务领域；平台生态是互联网经济发展的必然趋势，这要求企业努力打造开放的、有影响力的平台，以平台提升汇聚产业链合作伙伴的能力，实现平台经营和生态系统建设的完美结合；再比如，生产力和生产关系相适应的规律要求企业要实现组织模式的变革，重新审视企业组织模式，建立以产品事业群为标志的柔性化的组织运营模式，强化内部各战略单元和部门之间的协同，以适应技术、市场、业务等市场环境的变化。把握规律、按规律办事客观上要求企业认识规律，利用规律，不能违背规律，要实事求是，按规律办事，违背规律必将受到惩罚。建立在没有显著核心竞争力基础上的广泛合作是脆弱的，不可持续的，也不可能打造出具有竞争力的生态系统。

三是坚持问题导向、客户导向、价值导向不动摇。问题导向就是要有针对性地和有先后顺序地解决制约企业生态系统建设的一些突出的矛盾和问题，尤其是企业业务发展、平台经营、收购整合、内部协同、资本运营队伍建设、机制体制等存在的突出矛盾和问题。客户导向就是将以客户为导向的观念切实落实到企业生态系统建设全过程管理中，要洞察客户、分析客户、服务客户、留住用户，不断为客户创造价值。价值导向就是生态系统建设一切活动都要围绕为企业、客户、股东、社会创造价值这一中心开展，始终坚持以价值为导向的企业发展战略，实现企业可持续发展。

四是提高研究分析和数据化的运营能力。业务发展是生态系统建设的基础，业务要更好更快地发展，企业要充分利用企业发展、平台建设、互联网转型不断积累大数据资源，有效开展客户分析、产品分析、市场分析，提高数据化运营能力，真正发挥大数据对企业发展的威力。

企业实施战略联盟合作、投资并购要做好事前、事中、事后的分析研究。事前做好相关行业研究，按照联盟合作、投资并购的标准选择好合作伙伴和投资并购对象，这也需要做好对合作伙伴、投资并购对象的研究，这样有利于企业提高资本经营的成功率。事中关键要做好生态战略的执行、沟通、推进等工作，同时做好执行的分析和总结，确保生态战略落地取得实效。事后要做好对战略联盟合作、投资并购的跟踪评估。无论是业务发展、平台经营还是资本运营，提高分析研究和数据化运用能力十分重要，最为关键的是企业要引进和培养一批行业研究、大数据分析研究的专业人才队伍。

五是不要一味模仿，努力提高执行创新能力。生态经营过度模仿肯定没有出路。企业发展成败的70%靠执行，“不创新就灭亡”在企业界已达成广泛共识。因此，强化执行创新更为重要。执行创新要求企业能够制定适合企业自身发展的生态战略，明确生态战略的目标和路径，对企业生态战略要深入理解和贯彻；要结合企业发展实际，寻找生态战略的突破口和切入点，不能不顾业务发展而忙于搞合作、投资和并购；要大胆任用在资本经营等方面创新能力强、有远见、勇于担当、不畏困难的领导干部；在生态战略实施过程中遇到困难时，要善于分析和总结问题，找准问题，对症下药，尤其要总结战略联盟、投资并购失败的原因，同时，可以多开一些头脑风暴会，“走出去”向标杆企业学习，好的办法就会水到渠成。

六是生态运营要坚持长板制胜。一只水桶能装多少水，是由这只桶最短的那片木板决定。在工业时代，木桶效应对企业发展是最有效的理论。长期以来，企业运营发展都坚守短板理论，迫切地补齐短板，拉长短腿，缺啥补啥。短板的弥补不但没有大幅提升创新能力，反而造成企业有限资源的分散化，核心竞争力仍然不强。

在互联网时代，企业发展从短板原理变成长板原理。假如把桶倾斜，就会发现能装多少的水决定于企业的长板，长板就是企业的优势和核心竞争力。谷歌 2014 年年初将摩托罗拉出售给联想，本来谷歌是想收购摩托罗拉补足手机硬件短板的，结果发现不如专注做好操作系统这一长板。对于打造生态系统的企业来说，往往“长板”决定生态战略的成败。因此打造商业生态系统，做强长板是根基，否则，企业怎么能吸引到众多的合作伙伴？“长板”将其优势发挥到极致，最好的发展策略是围绕这块长板展开布局，通过合作、投资并购等方式，补齐其他的短板，更是一种有效的企业制胜之道。当然，如果在某一关乎企业生存发展的核心领域或关键环节是短板的话，则一定要尽快补上。比如，在强化自主创新能力的今天，提高企业在基础技术、核心技术和共性技术中的创新能力至关重要，企业不能一味地模仿，甚至将核心能力都外包出去，这样的模仿和外包必将使企业在市场竞争中败下阵来。企业一定要在技术创新上加大投入、引进高层次专业技术人才、为企业创新提供试错保障机制，努力提升企业自主创新能力。

总之，提升生态运营能力本质上就是注重细节、注重过程、注重科学，正所谓“细节决定成败”“过程决定结果”“科学决定未来”。在全面深化企业改革的今天，我真诚地希望我国企业要以不断提升生态创新运营能力为己任，以打造强大的企业生态圈，推动企业战略转型升级。

从 KPI 到 OKR

索尼公司前常务董事天外伺郎在日本2007年1月刊《文艺春秋》发表了“绩效主义毁了索尼”一文，受到广泛关注和讨论。文中指出：“绩效主义企图把人的能力量化，以此做出客观、公正的评价，但事实上做不到。它最大的弊端是搞坏了公司的气氛。是绩效主义使得激情消失了；是绩效主义使得挑战精神消失了；是绩效主义使得团队精神消失了。实行绩效主义上司不把部下当作有感情的人看待，而是一切都看指标，用评价的目光审视部下。”

这种绩效主义最为重要的特点就是强调指标要量化，强调结果，以成败论英雄，过程不重要，员工只是为了拿到更多报酬而努力工作。如果这种文化在一个企业盛行，企业一定是短视的，不注重企业的长远发展，长此以往的确会产生像天外伺郎所说的结果，逐步削弱企业的创新精神，破坏团队氛围，部门之间、员工之间的协同精神逐步弱化。

我认为，这里面应该还有一个重要原因就是 KPI 考核指标过多，过多的指标压得员工喘不过气来，甚至出现为完成指标不择手段的情况，这种管理方式是比较粗放的。如今，还有不少企业在管理上就是定指标，分解指标，过程中花了大量时间、精力。指标分解好了以后，就跟踪指标完成情况，搞通报、刷排名、搞奖惩。如果企业管理是这样的那也太简单了，其结果必然是抑制企业的创新力。试想如果我们的企业能像苹果公司那样，开发令客户“尖叫”的产品，企业不愁产品的销售，企业也会在满足客户需求中实现快速发展，在这种情况下，达到了“产品使销售成为多余”的营销最高境界。苹果公司开发出令人惊艳的产品只是结果，它是如何开发成功的，这就是过程，过程往往比结果更重要，苹果公司之所以能打造出 iPod、iPhone、iPad 等好的产品关键取决于其战略愿景、平台、技术、研发、商业模式、市场营销、品牌、员工、机制体制和“海盗”文化等。正所谓有什么过程就会有什么样的结果。

长期以来的 KPI 考核模式，指标都是结果性指标，而且要做到可以量化，而不关注过程，这是 KPI 考核最大的问题。我曾经与一位负责创新单元的领导交流过，他说“在新产品发展初期，上面就要考核收入，考核指标有近 20 项，而且发展受限太多，流程复杂！”我也感觉他说得很有道理，也深知他的难处。我认为对创新单元的考核，一定要围绕激发创新单元的创新活力这一中心开展，激发创新单元活力的一个重要手段就是充分授权，能够在不确定的环境下，让创新单元真正面向市场、面向客户、面向竞争，具有独立的自主权，结合这一点，考核更应该关注目标和结果，指标设计就不能过多，真正确立几个关键结果性目标，这就是 OKR 的精髓所在。OKR 最早在英特尔、谷歌应用取得成效后，受到越来越多企业的青睐和热捧。什么是 OKR 呢?

目标与关键成果（OKR，Objectives and Key Results）是企业进行目标管理的一个简单有效的系统，能够将目标管理自上而下贯穿到基层，是一种目标管理的工具，是强化协同的一种有效手段。OKR 相比 KPI 具有如下几点优势。

一是 OKR 更聚焦，它不是考核工具，能把员工的注意力转移到正确的目标和重要的事情上。二是 OKR 是公开透明的，能减少很多沟通成本和误解，能激发员工的自觉性，促进部门间的合作，最终实现组织的大目标。三是OKR最为重要的是为战略单元、部门或员工在工作上变得更有方向感，而不像KPI要求在规定时间内必须完成哪些任务。因此，实施OKR能在更大程度上调动员工工作的积极性和主动性。

彼得·德鲁克在《管理的实践》中说："并不是有了工作才有目标，而是相反，有了目标才能确定每个人的工作。所以，企业的使命和任务，必须转化为目标。"这句话很好地诠释了OKR的本质以及OKR和KPI的区别，形象地提炼一下：OKR让我们做正确的事情，KPI让我们正确地做事情！举一个例子：以研发机构为例，如果关注目标，我们会想到打造行业一流研发机构、提升自主创新能力、打造具有影响力的开放实验室；如果专注指标，那我们会想到自主开发占比、合作伙伴数量、研发科技成果转化收入、实验室对外开放数量等。

上面我对KPI与OKR作了比较，我想在企业打造商业生态系统的过程中，企业内部有各个战略单元和部门，如何发挥内部协同、打造内部生态、最大程度上激发组织活力和员工创新动力关系生态战略的成败。在生态战略实施过程中，自然离不开运用好考核这一管理工具。我认为当前企业在组织发展上面临三大变化，这是企业选择什么样的考核模式的关键。这三大变化包括：一是面对市场环境的不确定性，提高组织的市场适应性和快速反应能力日显重要；二是组织划大为小、充分授权在企业管理界已达成广泛共识；三是创新是企业发展的灵魂，越来越多的企业都在实施创新驱动发展战略，希望通过建立创新体系，营造创新文化，激发组织活力和员工创新动力。正是这三大变化，驱动企业考核模式发生变化，我认为考核模式从KPI到OKR的变化是大势所趋，但无论如何，企业考核模式应重点从以下几个方面进行思考和变化。

第一，明确一个阶段组织的目标和方向。就拿企业实施生态战略来说，它的目标不外乎以下内容：企业生态系统基本建成，平台影响力逐步提升，企业核心竞争力进一步增强，有力促进企业各项业务健康发展。

第二，明确为达成目标需要做的几项重要工作和里程碑的结果。生态战略目标已经确定，为实现打造企业商业生态系统、提高平台影响力的目标，不同企业重点工作可能有所差异，但主要包括平台流量增长多少、开展投资并购、开展战略联盟、召开联盟大会、联合创新实现技术攻关……重点里程碑方面，诸如上半年完成联盟大会的召开，完成对 1 家新创公司的并购；第三季度完成 2 家公司战略投资等，也就是有标志性结果。

第三，对战略单元的考核指标要精简，不能眉毛胡子一把抓。现在还有不少企业给下属单位下达各种考核指标，认为下面完成任务了，全公司也就完成任务了，要求下属单位这样或那样，殊不知，这样做与推进划大为小、充分授权的组织模式变革不相适应，不利于激发组织活力。因此，下达考核指标要遵循精简、聚焦、可量化的原则，设计关键绩效指标，让下属单位充分释放潜能。

第四，企业要做好对创新、协同、注重未来等方面的考核。创新是企业发展的第一动力，肯定要考核，可以借鉴阿里巴巴的案例制的考核方法，各个被考核单位只需说明在哪个领域中所做的创新，并且这个创新被市场、用户所认可；协同是打造内部生态系统的重要内容，一定要考核，希望通过对协同的考核，加强企业各战略单元、各业务板块、各部门之间的紧密合作，在这一过程中，哪些是协同好的，哪些是做得不好的，协同做得好不好也是用案例制进行考核；各战略单元、业务部门不仅要做好当前业务发展、生态系统建设等工作，更要为企业的未来发展做准备，这关系到企业的长远发展，企业在考核设计上应增加注重未来发展的考核，也可以通过案例制进行考核，做得好的战略单元或部门给予嘉奖和表彰，对做出重要贡献的人员给予物质和精神方面的激励。

绩效主义成就了三星，毁了索尼。KPI 需要扬弃，但不能完全抛弃。正所谓，没有最好的，只有最适合的绩效考核方式。OKR 不仅仅是绩效评价工具，也是一种简化的目标管理工具，OKR 更是适应企业应对不确定性、适应组织模式变革、激发企业创新活力的制胜法宝。

如今，企业面对的市场环境发生深刻的变化，聚焦、创新、协同、合作、快速反应……所有这一切是企业追求的目标，可以说，OKR 是为实现这些目标量身定制的，实践中要应用好 OKR 管理工具，最大程度上激发组织活力，真正使企业面对市场能轻装上阵。

除了组织模式、授权经营、运营和考核以外，领导力和创新文化也是组织生态建设的重要内容。面临新时代、新机遇和新挑战，企业转型对企业领导力和企业文化提出更高、更新的要求。但无论怎样，建立一个高效的组织运营体系，是企业打造商业生态系统、推进企业转型发展的内在要求。我们期待，越来越多的中国企业在实现自我变革和转型中健康发展。

结束语：面向未来，如何促进生态战略走向成功

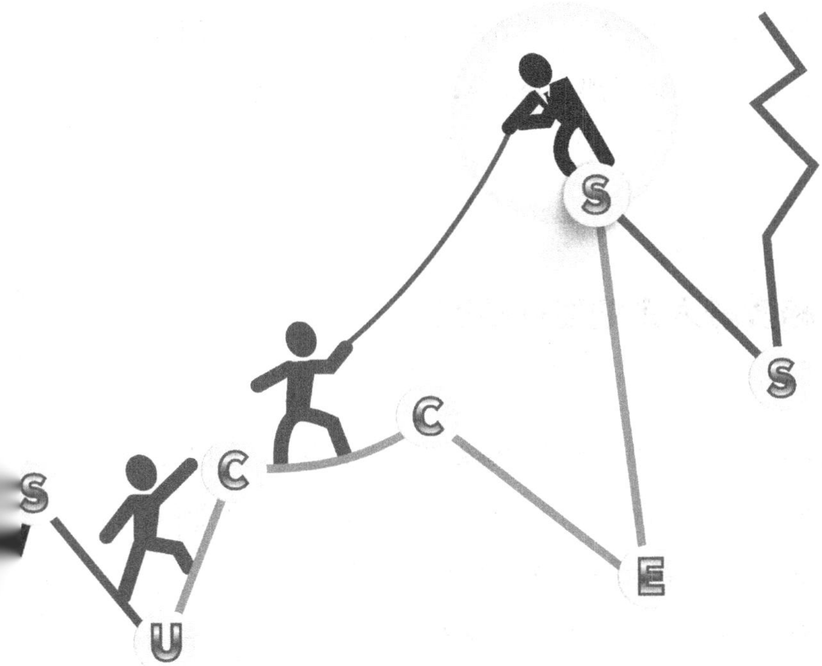

当下，整个社会正在进行新生态的重构。互联网的出现以及以互联网为代表的信息技术正在以前所未有的速度改变着这个世界。在互联网迅猛发展的大环境下，企业的组织模式、商业模式、管理模式、运营模式、生态模式、盈利模式等都将发生重大调整和改变，一个基于互联网基础上的生态化商业重构正在进行之中。互联网就像空气和水一样，渗透到社会的方方面面，成为推动商业生态变革的重要力量。

今天企业之间的竞争，关键在于能否打造强大的平台，能否整合外部力量，建立强大的商业生态系统。正因为如此，生态战略正成为众多企业重要的战略选择。我十多年前就写过《加强战略联盟合作提升我国电信企业竞争力》的文章，也一直关注企业生态战略，既有成功也有失败。面对市场环境的变化，如何确保生态战略成功是企业经营者普遍关注的问题。为更好地促进企业生态战略走向成功，在本书行将结束之际，我还有几个问题需要重点提一下。

生态战略要融入企业发展战略

思路决定出路，战略决定成败。在充满高度不确定性的今天，企业要生存和发展，必须重视企业战略经营。“不战而胜”是孙子兵法中的最高境界。企业要能做到“不占而屈人之兵”，最好的方法就是做好正确的战略。

生态战略绝不是孤立地存在，从大的方面来看，企业战略包括经营战略和生态战略，如图 10-1 所示，它们共同构成企业的战略体系，可以看出，经营战略和生态战略是驱动企业发展的“两驾马车”，两者缺一不可，不可偏废。只有将生态战略融入企业战略体系，生态战略最终才能取得成功。

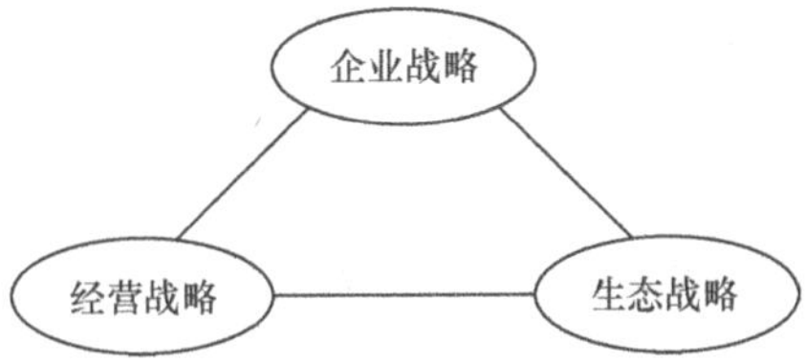

图 10-1　企业战略的三角模型

企业战略主要包括战略目标和愿景、战略路径……企业经营战略主要包括产品战略、客户战略、竞争战略、技术战略、营销战略、服务战略、品牌战略、研发战略等，生态战略主要包括平台战略、联盟合作战略、资本经营战略、整合战略。从华为、阿里巴巴、苹果等公司的发展来看，实现生态战略与企业战略、经营战略有效协同重点做到以下三点。

第一，生态战略要服务于企业总体战略。如阿里巴巴的战略愿景是“让天下没有难做的生意”，要实现这一目标，生态战略要做到为买卖两家提供一个平台、制定好平台规则、开展广泛的合作，等等。

第二，以为客户、企业、社会创造价值为纽带，实现生态战略和经营战略紧密结合。生态战略和经营战略绝不是两张皮，不能人为地将它们割裂开来。如企业要打造强大的生态系统必须建立在拥有核心竞争力的基础上，核心竞争力则需要企业努力培育和经营；客户体验做到极致，就能吸引更多客户和流量，从而做大，做响平台，这更有利于企业开展与产业链上下游企业的跨界合作。在实施生态战略过程中，只要有利于提升客户价值、有利于增强企业竞争力、有利于业务发展，都可以大胆尝试，有力推进。

第三，从企业优势来审视，需要重新定义。从竞争的视角来看，企业的优势来自于技术、产品、服务、品牌等，这些都属于企业经营范畴；进入移动智能时代，产业环境、消费需求、信息技术发生了巨大的变化，企业的优势不仅来源于内部价值链活动的优化和资源能力的积累，还来源于对外部资源的有效利用，也就是企业有效整合商业生态圈元素，协调、优化生态圈内伙伴关系的能力。因此，从封闭到开放，企业应努力打造生态新优势，创造全新的生态商业模式，这是适应企业发展模式变化的必然选择。

生态战略成功道路漫长

我长期关注企业生态战略，观察一些互联网公司和传统企业在生态战略实施动态及成效，并进行跟踪研究。发现有些企业实施生态战略存在不少问题。有些企业没有很好地开展生态战略的研究和规划，战略目标不清晰；有些企业运用战略投资、收购等资本经营的方式打造业务生态明显不足，喜欢搞一些轰轰烈烈的战略合作签字仪式，但后面实施却跟不上，战略合作不了了之；还有些企业盲目搞战略投资并购，忽视业务经营；对生态系统建设，外部合作伙伴的管理、整合、运营不够高效，生态运作不够有力等，甚至一些企业经营者认为，生态战略太简单了，不就是搞合作，搞联盟，搞投资收购，存在很大的盲目性；还有些企业在生态建设中还是固守“以我为中心”“成为产业链主导者”的传统观念，等等。这些问题的存在，一方面说明生态战略要成功也不是那么容易的，在实际运营中应努力避免出现这些错误的倾向。

生态战略要取得成功，需要从顶层设计、制度环境、政策环境、文化环境、科技环境等方面入手，在科学、规范、高效、公平、合理的基础上，构建一个各方诉求与利益兼顾，同时又能积极促成各方相互协作，彼此共赢的共融共生关系。我以互联网金融生态系统建设为例，目前从宏观层面尚存在监管不力，部分企业钻政策的空子，以高收益为诱饵，欺诈客户，给客户带来较大的经济损失，宏观层面尚未建立真正的行业生态系统，导致整个行业发展难以建立生态化的发展体系。因此，加强互联网金融行业监管，在鼓励创新和控制风险中寻求新的平衡；同时，更需要政府、企业、合作伙伴、用户等多方的共同努力，促进互联网金融持续健康的发展。

我们都知道，影响生态系统建设成功的因素有很多，有战略方面的因素，也有运营方面的因素，有外部因素，也有内部因素，正是这些因素的影响和作用，使得打造强大的生态系统面临更加严峻的挑战。为此，有些企业从外部引进高端生态运营方面的高端人才，负责整体生态建设，有成功也有失败。毫无疑问，引进和培养一批高水平的生态经营管理者队伍和专业化人才队伍十分重要。

真正成功实施生态战略的企业，我们可以列出一长串。任何成功企业的生态系统建设都不是一蹴而就的，是一个长期而艰巨的旅程。企业必须明确在不同阶段的目标和工作重点，做到一步一个脚印，踏石有痕，循序渐进，这才是企业生态战略最终能取得成功的制胜法宝。我认为，在生态系统建设过程中，要不断总结经验和教训，这对成功实施生态战略至关重要。

未来已来，把握大势

海尔集团张瑞敏说过：“没有成功的企业，只有时代的企业”。所有企业都要跟上时代的步伐才能生存。但是时代变化太快，所以必须不断挑战自我，战胜自我。

2018 年 6 月 27 日上海全球移动大会（MWCS）上，众多科技型企业竞相展示高科技技术、高科技产品，最大的亮点就是“智能”“科技”“创新”，未来环境变化呈现如下几个特点。

一是新开放。开放是当前经济发展的重要特征，未来开放只会加大，开放合作成为大势所趋，人心所向。

二是新技术。当前以人工智能、物联网、5G、云计算、大数据为代表的信息通信技术飞速发展，谁要跟不上技术潮流，必将被时代所淘汰。

三是新模式。互联网的发展、技术的进步、客户需求的变化、创新的推动，新模式层出不穷，如平台模式、O2O 模式、新零售、C2M、共享经济、跨界模式、生态模式、整体解决方案模式等，如今，各类创新的商业模式不断形成。

四是新业态。随着“互联网 +”与传统行业融合的加快以及技术的发展，出现了许许多多的新业态，不断满足人们日益增长的美好生活需要。第三方支付（如支付宝、微信支付等）、互联网金融、互联网出行、智能客服、互联网医疗、互联网教育……在不断满足客户需求的同时，涌现出许多独角兽的公司，如滴滴出行、陆金所、春雨医生……可以预见，技术的驱动和客户需求的变化将不断催生更多的新业态、新产业。

企业要打造商业生态系统，就必须适应未来的发展趋势变化，加快企业生态创新大势所趋。如今，人工智能、无人驾驶、新能源汽车、5G 等技术发展迅速，但仍不够成熟，越来越多的新业态靠一家企业难以满足客户需求，这些都决定了在新形势下，需要企业以更加开放的态度，发挥全社会力量，以提升企业核心竞争力为中心，加强与产业链各方广泛合作，开放合作向平台的共享、共赢和生态的共创、共生转变。要把握生态创新的特征规律和发展趋势，努力在打造企业生态系统过程中发挥好引领者作用。

当今世界，互联网、物联网的快速发展催生万物互联时代的到来，也为打造和丰富生态系统提供强大的动力，一场全球范围内的生态重构已经拉开序幕。对于有实力的大公司来说，建立生态战略更是越来越多企业追求的目标，要实现这一目标，企业生态建设要以打造生态基石为基础，从打造内部生态系统向打造外部生态系统逐步演进。对于中小企业和新创企业来说，需要企业从垂直市场或产业链某一环节入手，做精、做强、做大，要么加强生态系统建设，要么融入大公司产业生态圈。

“要么生态，要么融入生态”成为生态竞争的新规则。在更加开放合作的新时代，生态创新和生态系统建设关系到企业的长远发展，打造生态系统是企业拓展更大空间的战略选择，也是时代赋予企业的历史使命。未来企业唯有打造一个强大的生态系统，才能获得更好的发展。

不忘初心，方得始终！未来已来，把握大势！但愿越来越多的企业能打造出强大的生态系统而成为全球性公司。

本书作者已出版的专著

任何企业都应抓住新时代发展的新机遇，积极拥抱互联网，大力推进互联网化转型，企业才能真正飞起来。

关键词：移动互联网、商业模式、创新、互联网 +、变革、价值，创造价值、提升价值、实现价值是每一家企业永远的追求。

胡世良已出版的专著列表

书名	出版社	出版时间
《赢在创新：产品创新新思路》	人民邮电出版社	2009 年 10 月
《移动互联网：赢在下一个十年的起点》	人民邮电出版社	2011 年 12 月
《移动互联网商业模式创新与变革》	人民邮电出版社	2013 年 6 月
《互联网金融模式与创新》	人民邮电出版社	2015 年 1 月
《互联网 + 红利时代》	人民邮电出版社	2015 年 9 月
《飞起来：开启互联网转型之路》	上海财经大学出版社	2016 年 11 月